AI와 가상 존재

인공지능총서

인공지능 시대입니다. 기계가 인간의 인지를 대신하고, 사물이 인간을 통하지 않고 다른 사물과 직접 커뮤니케이션합니다. 이에 따른 인간 삶과 문명 변화를 정확히 이해·예측·대응하는 것은 이 시대 우리 모두의 과제입니다. 인공지능총서는 인공지능 기술과 환경의 여러 주제를 10가지 키워드로 정리합니다. 관련 개념과 이론, 학계와 산업계의 쟁점, 우리 일상의 변화를 다룹니다. 인간과 기술의 현재, 미래를 세심히 분석합니다.

일러두기

- 인명, 작품명, 저서명, 개념어 등은 한글과 함께 괄호 안에 해당 국가의 원어를 병기했습니다.
- 외래어 표기는 현행 어문규정의 외래어표기법을 따랐습니다.
- 인용된 영화에서 국내 개봉작의 경우 한글로 표기하되, 연도는 영화가 처음 공개된 국가의 최초 개봉일을 기준으로 했습니다.
- 서문 '스크린 밖으로 현전하는 캐릭터들'은 저자의 온라인 강의 원고인 〈버추얼 빙: 콘텐츠의 힘으로 현존하는 가상 속 캐릭터들〉의 내용을 정리한 것입니다.

처음이세요?

전문가세요?

AI와 가상 존재

류범열

대한민국, 서울, 커뮤니케이션북스, 2025

AI와 가상 존재

지은이 류범열
펴낸이 박영률

초판 1쇄 펴낸날 2025년 6월 30일

커뮤니케이션북스(주)
출판 등록 2007년 8월 17일 제313-2007-000166호
02880 서울시 성북구 성북로 5-11
전화(02) 7474 001, 팩스(02) 736 5047
commbooks@commbooks.com
www.commbooks.com

ISBN 979-11-430-0125-2 03500

책값은 뒤표지에 표시되어 있습니다.

차례

스크린 밖으로 현전하는 캐릭터들

인간은 상상의 존재를 현실화하는 능력과 욕망으로 발전을 거듭해 왔다. 영국의 시인이자 화가인 윌리엄 블레이크(William Blake)는 "지금 증명된 모든 것은 한때 오직 상상에 불과했다(What is now proved was once only imagined)"라고 한 바 있으며, 『사피엔스(Sapiens)』(2011)로 유명한 역사학자 유발 하라리(Yuval Noah Harari)는 보이지 않는 것을 믿는 힘, 즉 '상상의 질서'를 가지는 것이 '호모 사피엔스(Homo sapiens)'가 살아남을 수 있었던 큰 힘이라고 이야기하기도 했다(Harari, 2011).

최근 AI의 급격한 발전으로 예술 창작과 감상의 지도가 완전히 변하고 있는 가운데, 인간이 오랜 시간 창작해 온 가상의 존재인 캐릭터가 AI와 만나 새로운 모습을 보이고 있다. 단순히 자연에 존재하지 않던 물질이나 물건을 발명해 내는 수준이 아닌, 상상을 말과 글, 그림과 영상으로 구현하고 결국은 현실에 등장시키고 마는 인간의 능력이 AI(Artificial Intelligence)의 급격한 발전과 함께 시험대에 오른 것이다.

이들 AI 캐릭터들은 앞으로 인간과 자유로운 소통이 가능한 존재가 되어 '버추얼 빙(Virtual Beings: 가상 존재)'으로서 가상 현실이자 대체 현실인 메타버스(Metaverse)의 새로운 주민이 될 가능성이 높다. 이것은 만화, 애니메이션, 게임 등 우리가 잘 알고 있는 대중문화 콘텐츠의 캐릭터에게도 큰 변화가 될 것이다. 인간이 오래도록 사랑하고 소비해 온 "최애캐(가장 사랑한다는 의미의 '최애'와 '캐릭터'의 합성어로, '가장 좋아하는 캐릭터'를 이르는 신조어)"들이 스스로의 의지로 자신만의 목표와 욕망을 향해서 말하고 움직인다면? 인간과 감정적 교류가 가능한 로봇이 가전제품 수준으로 등장한다면? 그런데 인류는 이 모든 것을 창작물을 통해서 이미 예언했다고 해도 과언이 아닐 것이다.

상상 속에서 정해진 미래

영화 〈매트릭스(The Matrix)〉(1999)는 가상 현실이 인류의 삶을 대체한 미래를 가정한다. 이는 곧 완전한 대체 현실로 구현된 디스토피아를 의미한다. 매트릭스의 세상 안에서 인간들은 인큐베이터 형태의 발전기에서 잠든 채 '기계'에게 생체 에너지를 제공하는 대가로 깨지 않는 꿈을 꾸며 살아간다. 〈애니매트릭스(The Animatrix)〉(2003)에서는 인간과 기계의 대전쟁이 기계의 승리로 끝나면서 생겨난 기괴한 공존의 세계를 그리고 있다. 이 전쟁은 마치 극단적인 네오 러다이트(Neo Luddite) 운동을 연상케 한다. 네오 러다이트는 새것을 뜻하는 'Neo'와 18세기 영국에서 산업 혁명에 반대해 일어난 기계 파괴 운동인 'Luddite'를 합성한 용어로, 첨단 기술의 수용을 거부하는 현상을 의미하는데(기획재정부, 2020), 영화에서는 기계가 아닌 인류 문명이 파괴된 것이다. 기계들은 인간들이 몰입하여 살아갈 수 있도록 매트릭스의 경험을 정교하게 조정하고 나름의 조화를 만들어 가려 한다. 그러나 매트릭스의 삶이 아무리 완전하다고 해도 자신의 의지로 살아가는 것이 아니며, 역설적으로 너무 완전한 나머지 극 중의 인간들은 자아의 실현을 위해서 자기 파괴적인 모험을 감행한다('러다이트'는 당시 노동자들이 만든 가상의 인물이다. 투쟁의 대상이 기계라는 실체에서 AI라는 가상 존재로 옮겨 간 것을 생각하면 아이러니하다).

오시이 마모루(押井守, Mamoru Oshii)의 애니메이션 〈공각기동대(攻殼機動隊: Ghost in the Shell)〉(1995)는 인간의 신체가 의체(Prosthetic Body)로 대체되어 트랜

스 휴먼(Trans Human)이 된 세계를 그린다. 영화는, 이러한 상황에서 자신의 존재 증거를 결국 타인과의 관계에서 발견할 수밖에 없는 인간의 본질적 고민을 보여 준다. 주인공 쿠사나기 모토코(草薙 素子, Motoko Kusanagi)는 몸 전체와 뇌 일부를 기계로 대체한 트랜스 휴먼으로, 국가와의 계약으로 신체와 정신을 유지하고 있다. 국가가 지정한 업무에서 벗어나면 신체와 기억을 반납해야 하는데, 결국 '자신'을 이루는 것이 무엇인지 스스로 의심할 수밖에 없다. 종국에는 본인을 정보의 바다에서 발생한 생명체라고 정의하는 AI와 융합하여 새로운 존재로 다시 태어난다. 1995년 당시에는 충격으로 다가온 애니메이션 속의 세상에 대해서, 작품은 도입부에서 텔롭(Telop)을 통해 이렇게 말하고 있다.

> "기업의 네트가 별을 뒤덮고 전자와 빛이 우주를 흘러 다니지만,
> 국가나 민족이 사라질 정도로 정보화되어 있지는 않은 가까운 미래"

〈공각기동대〉가 처음 극장에 개봉한 것은 1995년이고, 작품에서 그리고 있는 미래는 서기 2029년이다. 앞

으로 4년 사이에 사람들이 자신의 신체와 정신을 기계몸과 뇌로 교체하는 시대가 올 것 같지는 않지만, 2025년을 기준으로 4년 전에 우리는 과연 자연어로 소통하는 멀티모달 AI(Multi Modal AI)의 등장과 대부분의 시각예술 작품을 창작하는 생성형 AI(Generative AI)의 시대를 확실하게 예측할 수 있었을까?

2016년 고용노동부는 자동화로 인해 대체될 가능성이 낮은 직업과 높은 직업을 공개한 바 있다. 이에 따르면 대체 가능성이 낮은 직업, 즉 4차 산업 혁명하에서 고용 안정성이 높을 것으로 예상되는 직업군은 웹툰 작가와 애니메이터를 비롯한 예술가들이었다(박가열 외, 2016). 그러나 2024년 현재, 가능한 예술의 거의 모든 분야에 각각 적용되는 AI 도구들이 매일 새롭게 소개되고 업데이트되며 예술의 창작과 감상 양면을 뒤흔들고 있다. 스포츠나 신체 예술조차 언젠가는 AI의 발달에서 기인한 로봇 공학 기술의 발달로 인해 변화를 겪을 수밖에 없을 것이다.

예술적 상상력에서 비롯한 미래상은 과학 기술에만 영향을 미치지는 않을 것이다. 애니메이션 〈월-E(WALL-E)〉(2008)에는 인간 이상으로 따뜻한 감성과 의지를 가진 로봇이 등장하고, 〈엑스 마키나(Ex Machina)〉(2015)

와 같은 영화에서는 강력한 상호작용과 위장된 감수성으로 인간을 혼란스럽게 하는 인공지능이 등장한다. 수많은 문학 작품, 만화, 애니메이션, 영화 등의 저작물에서, 인간 이상의 지적 능력과 감성을 지닌 존재들과의 환상적인 교감과 그로 인해 야기되는 혼란과 절멸을 묘사하고 있다. 심지어 AI 발전의 과정에서, 우리는 언젠가 우리가 스스로 탄생시킨 지적 생명체를 독립적인 존재로 인정할 것인지에 대한 고민을 만나게 될 수도 있다. 강력한 AI에 의해서 작동하고 탄생하는 새로운 시대의 캐릭터들은 인류가 오랜 역사의 타임 라인에서 정해 두었던 사회 규범과 법령, 윤리의식 등에도 큰 영향을 미치게 될 것이다. 이렇듯이 영화와 애니메이션 속 가상의 캐릭터를 바라보며 우리는 가까운 미래에 인류가 직면할 질문을 통찰력 있게 뽑아낼 수도 있다.

고대의 신화, 현대의 소설, 영화, 만화, 애니메이션, 게임 등에서 인류는 창작을 통해 그 자신의 미래를 수없이 시뮬레이션(Simulation)해 왔다. 그렇다면 언젠가는 이 모든 상상이 실현되어 인류의 상상력이 더 이상 필요 없는 날이 오는 것일까?

VR(Virtual Reality)의 아버지로 불리는 재런 러니어(Jaron Lanier)는 저서에서 다음과 같이 말했다. "일부 사람들을 그 시대의 VR로 속이거나, 모든 사람을 미래의 VR로 속일 수는 있지만 모든 사람을 그 시대의 VR로 속일 수는 없다." 그는 사람의 인지 능력이 계속해서 변화하고 발전하기 때문에, 아무리 극도로 발전한 VR 장치와 콘텐츠를 보여 주어도 미래의 사람들을 완전히 만족시키지 못한다고 이야기한다(Lanier, 2018). 이는 새로운 경험을 수용하는 순간 즉각적으로 우리의 몸과 생각이 다음 단계로 나아간다는 것을 의미한다. 그리고 역설적으로 이것이 계속해서 VR을 개발해야 하는 이유가 되었다. 러니어는 '가상 현실'이라는 말을 처음 사용한 것으로 유명하지만, 그가 활동하던 시대의 가상 현실 기술과 콘텐츠는 '기술의 부족으로 시기상조인 것'이었다. 그러나 어느새, VR과 AI 기술은 우리의 생활 깊은 곳으로 들어와 한 부분이 되려 하고 있다.

이 책에서 전하고자 하는 것

이 책에서는 AI와 캐릭터가 만나 창조된 새로운 디지털 존재를 가상 존재로 정의하고, 그것을 구성하는 여러 부분을 분해적으로 접근하여 서술했다. 그리고 각 장에서 인간이 창작한 예술 작품에 등장하는 가상 존재들의 예를 들어 이해를 돕도록 했다. 예시 작품들은 각 장의 주제를 잘 나타낼 수 있다면, 잘 알려진 고전 영화부터 서브컬처(Subculture)적인 애니메이션에 등장하는 사건과 캐릭터까지, 어떤 종류라도 상관없이 언급했다. 다만 챗지피티(ChatGPT) 같은 강력한 인공지능이 등장한 이후의 최신 저작물은 가능한 한 제외했다. 참고문헌의 경우에는 국내외를 막론하고 신뢰할 만한 저널이나 칼럼을 모두 포함하고자 노력했다.

1장에서는 '캐릭터'란 무엇인지를 알아본다. 미디어에 따라 캐릭터가 어떻게 달라지는지, 특히 상호작용의 측면에서 서로 어떤 차이를 보이는지 알아볼 것이다. 캐릭터는 본디 현실 영역의 밖에 존재하는 것이었으나, 재매개가 반복되어 가상과의 상호작용 수단이 점점 늘어나면서 접촉 가능한 존재가 되고 있다.

2장에서는 AI와 캐릭터의 결합으로 탄생한 가상 존재는 무엇으로 정의할 수 있으며, 현재까지 개발된 가상 존재와 미디어에 묘사된 그것을 바탕으로 그 특징과 개발 주안점 등을 알아볼 것이다.

3장에서는 고수준의 AI가 신체를 가져 확장하는 것에 착안하여, 실체가 없는 가상의 신체(Virtual Body)부터 로봇으로 대표되는 로보틱스 보디(Robotics Body), 유전공학과 분자생물학의 발달로 등장하게 될 바이오 로

보틱스 보디(Bio-robotics Body)까지, 가상 존재가 우리와 소통하기 위해 사용하게 되는 '몸'에 대해서 설명할 것이다. 가상 존재의 신체 정체성에 따라, 그것을 가상으로 볼 것인지의 논의가 필요하다.

4장에서는 가상 존재의 공간에 대해 다룰 것이다. 기존의 캐릭터가 3차원 디지털 공간, 평면 스크린 등에 나타나듯, 상호작용을 하는 캐릭터인 가상 존재는 필연적으로 그 상호작용이 이루어지는 공간이 필요할 것이다.

5장에서는 가상 존재가 의식을 가질 가능성에 대해 관련 학자들의 의견과 주요 쟁점을 알아볼 것이다.

6장에서는 가상 존재의 등장으로 인해 변동하게 될 인류의 수명과 시간에 대한 시각을 창작물에 등장한 세계관을 바탕으로 알아보고, 시공을 초월해 교감하는 가상 존재의 반려로서의 가능성과 문제점을 알아볼 것이다.

7장에서는 인간이 상호작용하는 캐릭터의 유일성이란 어떤 의미이며, 이론적으로 무한정 복제되거나 대량생산될 수 있을 가상 존재의 유일성은 어떤 의미인지 고찰할 것이다.

8장에서는 인간이 오랫동안 가상의 캐릭터를 창작해오는 과정에서 발생한 여러 가지 개념을 알아보고, 인간이 캐릭터에게 몰입하는 요소 중에는 그 기술적 완성도 이외에도 여러 감성적 요소가 있음을 알아볼 것이다.

9장에서는 인간의 의사소통 이론이 가상 존재와의 소통에도 유효할 것인지에 대해 관련 연구를 바탕으로 알아볼 것이다. AI의 기본적인 목표는 인간의 사고방식을 모사하는 지능을 만들어 내는 것이다. 현존하는 언어 모델 역시 기본적으로 인간의 텍스트를 학습한 결과이므로 대인 커뮤니케이션 이론은 한동안 AI와의 소통에도 유효할 것이라고 가정할 수 있다.

마지막 10장에서는 창작을 통해서 미래를 시뮬레이션해 온 인류의 역사를 돌아볼 것이다. 이를 통해 창작물에 묘사된 AI에 의해 발생할 수 있는 디스토피아보다 정서적으로 친밀한 가상 존재가 오히려 위협적이라는 점을 환기하고, 근미래에 마주치게 될 가상 존재를 어떻게 대해야 할지에 대해 정리해 보았다.

허구의 세상에서 현실을 추출하다

다양한 창작물에 묘사된 가상 존재를 돌아보면서, 예술 창작자로서는 그것의 효과적인 구현을 위한 방법을 역설계하고, 예술의 감상자로서는 그로 인해 벌어질 수많은 디스토피아에 대한 상상을 바탕으로 이를 방지하는 길을 모색해 볼 수 있으리라고 생각한다. 애니메이션

〈장송의 프리렌(葬送のフリーレン)〉(2023)에서는 '상상할 수 없는 마법은 구현할 수 없다'고 말한다. 다시 말해, 인간은 상상 이상의 무엇인가는 구현할 수 없다. 칸트가 말한 것처럼, 우리의 인식은 시공간의 범주를 벗어나기 힘들고, 흄이 말한 것처럼 우리의 상상력은 경험의 범위를 넘어서기 어렵다.

결국, 우리가 상상을 통해 가상의 공간과 인물들을 창조해 내는 것 역시 모두 현실이라는 것이다.

상상의 세계에 있던 것들이 현현하려 하는 이 중요한 시점에서, 우리는 과거에 새로운 도구를 발명했을 때와 같은 방식으로, 오직 그 활용법과 성과에만 집중하고 있는 것은 아닐까? 그러나 인류 역사상 그 어떤 도구도 인간과 같이 생각하고 말하려 하지 않았다.

가상 존재가 제4의 벽을 깨고 우리 앞에 나타나는 지금, 애니메이션(Animation)의 어원이자 목표인 생명(Anima)의 부여가 실제로 구현되려 한다. 애니메이션의 본질이 강령술이 아닌 움직임 그 자체의 즐거움이라는 점을 떠올리며 그동안 수많은 창작물을 통해 그려 왔던 가상 존재가 가장 좋은 시나리오를 향해 갈 수 있도록 해야 할 것이다.

참고문헌

기획재정부 시사경제용어사전(2020). https://www.moef.go.kr/sisa/dictionary/detail?idx=785

박가열 외(2016). 기술변화에 따른 일자리 영향 연구. 고용노동부 연구사업보고서(기본연구 2016-30).

Harari, Y. N.(2011). *Sapiens: A brief history of humankind*. Vintage. 조현욱 옮김(2015). 『사피엔스』. 김영사.

Lanier, J.(2017). *Dawn of the new everything: Encounters with reality and virtual reality*. Henry Holt & Company. 노승영 옮김(2018). 『가상 현실의 탄생』. 열린책들.

01 캐릭터의 의미와 기원

인간이 이야기를 기록하기 시작할 때부터 캐릭터는 존재했다. 캐릭터는 가상의 존재이면서 핍진성과 개연성을 갖춘 채 매체를 달리하며 인간과 함께해 왔다. 비디오 게임의 등장과 함께 캐릭터는 조작이 가능해졌으며, 이제 AI와 결합한 캐릭터는 인간과 상호작용하기 시작한다.

AI와 1인 창업?

존재하는 것에서 비롯한 존재하지 않는 것

길가메시는 아버지 루갈반다와 어머니 닌순의 사이에서 태어났다. 닌순은 들소의 여신이었지만 아버지는 인간이었다. 길가메시는 언젠가는 죽을 운명으로 태어난 신의 아이였다.

『길가메시 서사시(The Epic of Gilgamesh)』는 '기록된' 이야기 중 가장 오래된 것으로 여겨지는 작품으로, 대략 4600년 전부터 기록되고 전승되었다고 알려져 있다(김산해, 2005/2020). 3분의 2는 신이고 3분의 1은 인간인 '길가메시(Gilgamesh)'는 신의 아이였지만 죽음을 거스르지 못하는 '필멸자(Mortal)'의 운명을 타고났다. 그의 삶은 죽음에 저항하는 모험으로 채워지게 된다. 그는 인간의 모습을 닮은 '엔키두(Enkidu)'와 결투 끝에 평생의 친구가 되고, 괴물들과의 처절한 싸움으로 평생의 비원인 불로의 영약을 얻지만, 이를 뱀에게 빼앗기고 결국 영생을 이루지 못한 채 인간으로 죽는다. 키가 11큐빗(약 5m)이 넘는다는(George, 1999/2021) 당대 최고의 인간 길가메시는 현대의 영화나 애니메이션 속 캐릭터의 환상성과 실재성을 동시에 지닌 듯하다.

물론 기원전부터 여러 문화권의 신화나 설화 등의 이야기에 이와 비슷한 인물들이 등장한다. 또한 현대의 많은 연구자들이 신화 속 길가메시가 실존 인물이라고 주장하는 것도 사실이다(앞의 책, 1999/2021). 그러나 이러한 이야기에서 공통으로 묘사되는 등장인물들의 공상적인 외형과 그들이 겪은 환상적인 모험은 현대적인 시각으로는 다분히 상상의 산물로 여겨진다. 인류의 기록된 첫 이야기 속 인물은 결국 기록된 첫 번째 '캐릭터(Character)'이기도 한 것이다. 그런데 캐릭터란 과연 무엇이란 말인가.

캐릭터의 의미

사전에서는 캐릭터를 '소설이나 연극 따위에 등장하는 인물. 또는 작품 내용 속에서 드러나는 인물의 개성과 이미지'라고 정의하고 있다(표준국어대사전, 캐릭터). 즉 캐릭터는 등장인물과 등장인물의 개성을 동시에 의미한다고 할 수 있다.

미디어 콘텐츠의 요소로서 캐릭터의 사전적 의미를 조금 더 자세히 알아보면, ① 작품의 내용에 설정된 허구적이고도 개성적인 성격과 이미지가 부여된 인물 또는 존재. ② 인간이든, 손으로 그린 것이든, 또는 컴퓨터로 만든 것이든 상관없이 연기자를 가리키는 말. ③ 만화, 애니메이션에 등장하는 인물, 동물이나 생명을 부여한 무생물 등. ④ 작품 속에 나타나는 인물이나 존재의 모습을 디자인화한 것. ⑤ 등장인물의 성격. ⑥ 개인을 특징짓는 지속적이며 일관된 행동 양식 등이 있다(김일태 외, 2009). 정리하자면, 캐릭터는 가상의 존재이면서 핍진성과 개연성을 가져야 함을 알 수 있다.

영화의 캐릭터

뤼미에르 형제(Auguste Marie Louis Nicholas Lumiere, Louis Jean Lumiere)의 역사적인 영화 촬영으로부터 몇 년 지나지 않아 영화는 이야기와 캐릭터를 가지게 된다. 조르주 멜리에스(Georges Melies)의 〈달세계 여행(Le Voyage dans la Lune)〉(1902)에서는 쥘 베른(Jules Verne)의 소설을 바탕으로 우주여행을 다룬 환상적인 이야기가 펼쳐지고, 에드윈 포터(Edwin Stanton Porter)의 〈대열차강도(The Great Train Robbery)〉(1903)에서는 다양한 캐릭터들이 등장해 각자 역할을 수행한다. 클로즈업(Close-up)과 같은 촬영 기법이 일반적으로 사용되기 이전 시대의 영화임에도, 영화의 마지막에는 인물사진의 형식으로 클로즈업된 '무법자' 캐릭터가 스크린을 향해 권총을 발사하여 큰 인상을 남기기도 한다.

영화 속 캐릭터는 다큐멘터리 영화가 아닌 이상 가상

의 존재인 경우가 대부분이고, 실존 인물을 묘사하는 영화라고 하더라도 결국 재현일 수밖에 없다. 영화의 캐릭터는 시나리오와 감독의 연출 지시와 배우 자신의 연기가 더해져 완성되는 복합성을 가진다. 연기에는 여러 방법론이 존재하지만, '메소드 연기(Method Acting)'로 대표되는 리얼리즘 연기의 권위자인 콘스탄틴 스타니슬랍스키(Konstantin Stanislavski)가 '체현적인 연기'와 그것을 위한 배우의 작업에 대해 정립한 바 있으며(이진아, 2014), 그의 후계인 샌퍼드 마이스너(Sanford Meisner)는 연기를 '가상으로 주어진 상황하에서 주어진 역할의 행동을 진실하게 행하는 것'이라고 했다(조성덕, 2011). 즉 연기 자체가 '가상 현실'이다.

애니메이션의 캐릭터

애니메이션의 캐릭터는 문학적 콘텍스트(Context)를 비주얼 내러티브(Visual Narrative)로 표현한다는 점에서 영화와 유사하지만, 캐릭터의 거의 모든 구성이 창작자의 통제 아래 놓인다는 점이 다르다. 애니메이션의 경우 캐릭터의 음성에 해당하는 성우의 연기가 중요하며, 캐릭터의 연기가 모션 캡처(Motion Capture) 기술을 통해 완성될 경우 모션 캡처 액터(Motion Capture Actor)의

해석이 개입할 여지가 있다. 그러나 대단히 실험적인 작품이 아닌 이상은, 캐릭터성을 결정하는 절대적인 부분은 프리 프로덕션(Pre-production) 단계를 지나 바이블(Bible)이라는 문서로 치밀하게 설정된다.

캐릭터의 설정만이 애니메이션 캐릭터의 생동을 결정할 수는 없다. 초기 애니메이션 역사에서, 디즈니의 원로 애니메이터들은 효과적인 애니메이션 제작을 위해 '애니메이션 12원칙(12 Principles of Animation)'이라는 일련의 원칙을 개발하고 보급했다(Thomas & Johnston, 1981). 디즈니의 올리 존스턴(Ollie Johnston)과 프랭크 토머스(Frank Thomas)가 1981년 대중에게 공개하며 알려진 이 원칙들은, 애니메이션의 캐릭터들이 살아 움직이기 위한 제언이라고 할 수 있다. 존스턴과 토머스는 1970년대에 은퇴한 원로이기에 이후 현대의 디지털 애니메이션 제작 환경에 맞도록 다소 변용되기도 했지만, 여전히 국내외 애니메이션 교육 현장에서 기본적으로 학습하는 내용이다. 애니메이션 12원칙은 물리 법칙에 충실하면서도 적절한 생략과 과장, 적확한 드로잉을 통해 캐릭터를 매력적이고 생동감 있게 표현하는 것이 그 핵심이다. 결국 애니메이션과 영화의 가장 큰 차이점은, 영화가 현실의 물리 현상을 재현을 통해 구현할 수 있다면, 애니메이션은 그 모든 것을 애니메이터의 창작을 통해 구현해야 한다는 것이다.

비디오 게임의 캐릭터

비디오 게임은 컴퓨터가 게임 사용자의 입력을 받아 정해진 규칙에 따라 이를 처리하고, 그 과정이나 결과를 출력하는 컴퓨터 프로그램을 이용한 전자 게임(Electronic Game)이라고 할 수 있다(위키백과, 2024).

컴퓨터는 제어, 연산, 기억, 입력, 출력이라는 기본 구성 요소를 가지고 있으며 우리는 이들 요소를 통해 게임 캐릭터를 조작하고 게임 내 NPC(Non-player Character)와 상호작용하거나 적대적 캐릭터와 경쟁하기도 한다.

비디오 게임 속 캐릭터는 상기한 영화나 애니메이션의 캐릭터와 많은 부분을 공유하지만, 매우 결정적인 차이가 있다. 바로 '조작 가능성(Manipulable)의 유무'다. 비디오 게임 캐릭터는 사실상 조작의 정도에 따라 구분할 수 있으며, 많은 경우 이는 게임 자체의 장르적 특성을 결정한다. 즉 비디오 게임은 서사의 특징이 장르가 되기도 하지만 캐릭터를 조작하는 특성도 장르로 받아들여질 수 있다.

역사상 최초의 비디오 게임은 〈음극관 놀이 장치

(Cathode Ray Tube Amusement Device)〉(1947)라고 알려져 있다(patents.google.com). 그러나 2차 세계 대전 당시의 레이더와 유사한 형태로, 상업적으로 판매된 것이 아니며, 캐릭터라고 할 만한 것이 등장하지 않는다는 점에서 오늘날의 비디오 게임기와는 다르다. 최초로 캐릭터라고 할 만한 것이 등장한 게임은 〈퐁(PONG)〉(1972)으로, 탁구를 변형한 규칙 아래에서 두 개의 막대로 공을 튕기는 게임이다. 비록 몇 개의 픽셀로 이루어진 막대이지만, 플레이어는 이 캐릭터에 이입하여 게임에 임하게 된다. 이후 역사적인 아케이드 게임 〈팩맨(Packman)〉(1981)부터는 현대적 의미의 게임 캐릭터가 등장한다. 각자 고유의 이름과 서사가 있으며, 구조화된 신체를 가지고 있다.

그러나 비디오 게임에서만 캐릭터가 등장하는 것은 아니다. 1970년대에는 역할극 게임의 역사를 바꿔 놓는 사건이 일어난다. 보드게임(Board Game) 〈던전 & 드래곤(D&D: Dungeons & Dragons)〉(1974)은 현대의 게임에 캐릭터가 레벨 업(Level Up)을 통해 성장한다는 개념을 부여한 최초의 게임으로, 이 시스템은 이후 비디오 게임에 적용되어 현재에 이르고 있다. 이를 통칭 RPG(Role Playing Game)라 이른다.

AI가 게임에 영향을 미친 역사는 다른 어떤 콘텐츠보다 오래되었으며 직접적이다. NPC에는 플레이어가 게임에 몰입할 수 있도록 고유의 알고리즘이 필요하고, 이 알고리즘이 고도화할수록 가상 존재의 조건에 가까워진다. 2024년 현재, 많은 게임 개발사에서 캐릭터의 외형 창작에 생성형 AI를 도입하는 것은 물론, LLM(Large Language Model), SLM(Small Language Model) 등 언어 모델을 캐릭터와 결합하여 대화형 NPC를 도입한 게임을 개발하여 출시하고 있다(MIT Technology Review, 2024). 이제 게임에서의 캐릭터 경험이 현실의 삶과 유사한 다변성과 우연성을 제공하게 되는 것이다.

참고문헌

국립국어원 표준국어대사전(n.d.). 캐릭터. | https://stdict.korean.go.kr/search/searchResult.do?pageSize=10&searchKeyword=%EC%BA%90%EB%A6%AD%ED%84%B0

김산해(2020). 『최초의 신화 길가메쉬 서사시』. 휴머니스트.

김일태 외(2008). 『만화 애니메이션 사전』. 한국만화영상진흥원.

신동윤(2024.10.10). 대형 언어 모델과 생성 AI…미래의 게임의 판을 바꾸고 있다. ≪MIT Technology Review≫. https://www.technologyreview.kr/%EC%9D%B8%ED%84%B0%EB%B7%B0-%EA%B2%8C%EC%9E%84-%EC%97%85%EA%B3%84%EC%97%90-%EC%83%88%EB%A1%

9C%EC%9A%B4-%EC%A7%80%ED%8F%89-%EC%97%AC%EB%8A%94-%EC%83%9D%EC%84%B1%ED%98%95-ai-%EC%97%94%EC%94%A8/

위키백과(2024). 비디오게임.
https://ko.wikipedia.org/wiki/%EB%B9%84%EB%94%94%EC%98%A4_%EA%B2%8C%EC%9E%84

이진아(2014). 스타니슬랍스키 연극론에 있어서 배우와 역할의 관계 – 『역할에 대한 배우의 작업』을 중심으로 –. ≪드라마연구≫, 42, 185–219쪽.

조성덕(2011). 『영화연기론』, 집문당.

Badler, N. I.(2001). Virtual beings. *Communications of the ACM*, 44(3), 33–35.

George, A.(trans.)(1999). *The epic of gilgamesh*. Penguin Books. 공경희 옮김(2021). 『길가메시 서사시』. 현대지성.

Google Patents(n.d.). Cathode-ray tube amusement device.
https://patents.google.com/patent/US2455992A/en

Thomas, F. & Johnston, O.(1981). *Disney animation: The illusion of life*. Abbeville Press.

02
가상 존재

대규모 언어 모델을 비롯한 AI의 발달로 상상 속에 존재하던 가상 존재가 등장하려 하고 있다. 가상 존재는 강력한 상호작용성과 변하지 않는 기억으로 인간과 교감할 것이다. 가상 존재는 인간의 형태로 제한되지 않지만, 인간의 언어와 문화로 정서적 유대를 쌓을 수 있다.

AI와 MBTI?

영원한 사랑을 가진 영원한 아이

"덩굴, 소크라테스, 미립자, 데시벨, 허리케인, 돌핀, 튤립, 모니카, 데이비드, 모니카. 됐다, 끝났는데 잘 됐는지 모르겠구나…."

"그게 다 뭐예요, 엄마?"

"뭐라고 했니?"

"엄마."

"내가 누구지, 데이비드?"

"내 엄마요."

스티븐 스필버그(Steven Spielberg)의 〈A.I.〉(2001)는 인간을 사랑하기 위해 만들어진 어린이 로봇이 인간에게 버림받으며 겪는 모험을 그린 영화다. 모니카(Monica)는 혼수상태에 빠진 아들 대신 로봇 데이비드(David)를 가족으로 맞는다. 데이비드는 감정을 활성화하는 코드(위 대화)를 불러 주기 전까지는 '부모님을 사랑한다'라는 목적을 수행하듯 다소 직선적인 모습을 보여 모니카를 곤란하게 한다. 그러나 마치 마법의 주문을 외듯 코드를 활성화한 이후에는 진짜 감정을 가진 것처럼 사랑하고 처절하게 이별한다.

데이비드는 완벽한 인간 어린이의 외형을 하고, 인간의 감정을 이해하며 사랑을 갈구하는 모습으로 묘사된다. 인간과 교감한 기억을 통해 인간을 사랑하고 인간의 사랑을 원하는 로봇인 데이비드를 과연 무엇이라 불러야 할까? 영화에서 데이비드를 창조한 하비 교수(Prof. Hobby)는 데이비드를 인간이라고 부르지만, 결국 판매하기 위한 상품을 제작한 것임이 드러난다.

영화가 개봉한 지 20년 이상이 지난 현재, 대규모 언어 모델(LLM)을 비롯한 생성형 AI와, AI 기술 발전으로 인한 로봇 공학과 가상 현실의 발달로, 인간과 높은 수준으로 상호작용하며 감정적 교류가 가능한 존재인 가상 존재가 등장하려 한다.

가상 존재

가상 존재의 정의에 대해서는 여러 이견이 있다. 특히 가상(Virtual)이라는 용어를 통해 가상의 인간이나 동물, 기타 형태의 존재들을 정의하는 과정에서 학술적인 용어와 산업계의 용어, 밈(Meme)을 통해 대중적으로 확산하는 용어들이 혼재되어 혼란을 초래하고 있다. 이에 국내 학계에서는 버추얼 휴먼(Virtual Human)의 개념에 대해 정의하거나(안도경 · 김승인, 2023), 버추얼 휴먼과 버추얼 아바타(Virtual Avatar)의 차이점에 대해 연구하는(정유영 · 이혜선, 2024) 등 학술적 구분에 대해 노력을 기울이고 있다. 그러나 가상 존재에 대해서는 명확한 정의가 이루어지지 않고 있으며 디지털 휴먼의 하위 개념 혹은 버추얼 휴먼과 동의어로 사용하고 있는 것이 현실이다. 이 책에서는, 2001년 노먼 배들러(Norman I. Badler)의 가상 존재에 대한 기고문과, 페이블 스튜디오(Fable Studio)의 CEO 에드워드 사치(Edward Saatchi)가 '버추얼 빙'을 선보이며 제시한 개념을 가상 존재의 잠재적인 정의로 간주할 것이다.

가상 존재는 '가상의, 사실상의'라는 의미의 Virtual과 '존재, 생명체'로 해석되는 Beings의 합성으로 만들어진 Virtual Beings를 번역한 것이다. 배들러는 2001년 당시의 기술적 수준과 사회상을 바탕으로 가상 존재의 등장을 예측하였는데, 실제와 구별이 어렵고, 인간과 유사한 모습과 움직임을 보일 것이라고 하여 고수준의 CG와 모션 캡처 등이 사용될 것임을 암시했다. 또한, 자연스러운 언어와 음성으로 상호작용하고, 기억과 개인사를 가지며, 사용자에 맞춰 고유하게 만들어질 것이라고 예측했다(Badler, 2001). 이는 마치 GPT와 같은 LLM과 결합하여 언어적 소통이 가능해진 캐릭터를 연상케 한다. 배들려는 온라인과 오프라인 애니메이션의 기술 격차가 10년 이내에 사라질 것이라고도 하였는데, 현재 대부분의 창작 도구들이 클라우드 서비스를 제공하고, 대부분의 생성형 AI들이 온라인으로 서비스된다는 점에서 의미심장하다. 2019년에는 여기서 한 걸음 더 나아가 페이블 스튜디오가 주도하는 '버추얼 빙 서밋(Virtual Being Summit)에서는 가상 존재가 AI로 구동되며 스스로 성장하고 인간과 양방향 관계를 구축할 수 있는 능력을 갖춘 디지털 캐릭터라는 설명으로 그 내재적 특성을 규정했다(류범열 · 양세혁, 2022).

페이블 스튜디오는 〈울브즈 인 더 월즈(Wolves in the Walls)〉(2019)라는 VR 애니메이션 콘텐츠를 개발하며, 가상 존재에 대한 개념을 구체화했다. 주역 캐릭터인 루시(Lucy)는 9살의 소녀로, VR 사용자는 루시의 유일한 친구가 되어 애니메이션의 내러티브를 선형적으로 함께 한다. VR 버전의 루시는, 문자나 음성을 매개로 한 채팅은 불가능하지만, 원작 동화의 묘사와 차별화된 가상의 신체를 통해서 인간과 눈을 마주치고, 손을 잡는 등 상호작용이 가능하다. 다소 제한적인 애니메이션 버전의 루시는 애니메이션 밖에서 GPT-3 기반 루시를 통해 확장한다. 페이블 스튜디오에서 자사의 첫 번째 가상 존재로 소개된 루시는 이후 선댄스 영화제의 게스트로서, 트위치 스트리머로서 사람들과 소통했다(앞의 논문, 2022).

페이블 스튜디오의 CEO인 에드워드 사치에 따르면, 루시의 개발에 쓰인 위저드 엔진의 세 가지 주요 기능은 다음과 같다.

① 캐릭터의 내러티브를 작성하고 음성, 애니메이션, 텍스트 대화 및 비디오를 생성하여 버추얼 빙의 삶을 현실적으로 구성한다. 이는 과거에 대한 지식 기반(어제 일어난 일, 지금 일어나고 있는 일, 기대하는 것 등)을 포함한다.

② 트위치, 문자 메시지 앱, 사진 공유 앱, 게임, 메타버스 플랫폼에 버추얼 빙을 배포한다.

③ 기억이 있는 버추얼 빙을 구축해 배운 내용을 기억하고 결합하여 사용자와 공감할 수 있도록 한다(Dean, 2021).

현재 페이블 스튜디오는 자사의 가상 존재 개념을 확장하여 더 시뮬레이션(The Simulation)이라는 일종의 언어 모델 기반 상호작용 메타버스 서비스를 전개하고, 생성형 AI 기반의 콘텐츠 제작/감상 플랫폼인 쇼러너(Showrunner)를 전개했으나, 이후 가상 존재에 대해서는 특별한 행보를 보이지 않고 있다. 그러나 'AI로 구동하는, 양방향 관계를 구축할 수 있는 디지털 캐릭터'로서 여타의 '가상'들과 가상 존재 간 차별점을 제시하고 선구적으로 구현했다고 할 수 있다.

가상 존재는 가상 인간과 무엇이 다른가

종합하자면 가상 존재는, AI 기술을 바탕으로 인간과 실시간으로 상호작용하며 성장하는 능동적인 디지털 캐릭터다. 가상 존재는 인간과의 지속적인 교감을 통해 불확실성을 감소하고 정서적 유대감을 형성하며 인간의 감정을 인지하고 이에 대응하여 반응할 수 있을 것이다(앞의 논문, 2022). 이로써 역설적으로 마치 실재하는 것처럼 친밀한 소통이 가능한 존재가 될 수 있다.

또한, 가상 존재는 다른 AI 기반 디지털 캐릭터들을 포괄한다. 디지털 휴먼의 목표는 일반적으로 실존 인간의 모습을 정교하게 재현하는 것에 맞춰져 있으며, 영화 등에 사용하는 디지털 더블(Digital Double) 등이 이에 해당한다. 버추얼 휴먼은 가상의 캐릭터를 인간의 모습과 정체성으로 창작한 것이지만, AI를 활용하여 상호작용하는 경우보다는 움직임과 목소리, 상호작용을 대신하는 원본 인간이 있는 경우가 많으며 실존 인간의 신체에 얼굴만 딥페이크(Deepfake) 등의 기술로 대체한 경우도 있다. 또한, 명칭에서 알 수 있듯 외현적 특성이 인간의 형태에 국한된다. 대표적으로 버추얼 아이돌(Virtual Idol)과 버추얼 유튜버(Virtual Youtuber), 버추얼 인플루언서(Virtual Influencer) 등이 있다.

가상 존재는 이와 달리 외형에 제한이 없으며, 상호작용성과 기억 등 성립에 필요한 조건이 존재한다. 버추얼 휴먼은 인간의 행태를 일방적으로 지향하지만, 가상 존재는 인간과 상호작용이 가능하면서 형태에 제한이 없다는 것이다. 매우 정교한 인간 형태부터 동물, 각종 무생물 등 비인간, 음성이나 비언어적 소통만 가능한 무형의 상태 등, 가상 존재는 형태를 뛰어넘어 강력한 상호작용성으로 인간과 교감하게 될 것이다.

가상 존재의 현황

AI, 특히 대규모 언어 모델의 급격한 발전과 즉각적인 시장 반영으로, 가상 존재의 구현 사례 역시 꾸준히 증가하고 있다. '자고 일어나면 뭔가 바뀐' 이 상황에서 기록의 의미로 가상 존재라고 일컬어질 만한 초기 사례를 정리하여 남겨 두기로 한다. 아래는 가상 존재의 조건을 충족하며, 서비스의 지속성이 어느 정도 보장된 사례다. 실제로 경험해 보면, 가상 존재의 유형과 플랫폼의 특성에 대한 상호작용성을 보다 감각적으로 파악할 수 있을 것이다.

루시

페이블 스튜디오의 VR 애니메이션 〈울브즈 인 더 월즈〉의 주요 캐릭터다. 애니메이션 발매 이후 GPT-3를 기반으로 실제 인간과 상호작용하는 테스트를 진행했다. 현재는 언어 기반 상호작용 경험을 할 수는 없고, 기존 VR 애니메이션 경험을 통해 내러티브 속에서 루시(Lucy)와 교감하는 제한적 경험을 할 수 있다. 가상 신체를 바탕으로 촉각적 경험과 눈 마주치기 등 커뮤니케이션 활동이 가능하다. 대신 VR 콘텐츠 구동은 '메타 퀘스트(Meta Quest)' 시리즈 혹은 그 전신인 '오큘러스 리프트(Oculus Rift)' 시리즈로만 가능하다. 두 플랫폼은 다소의 그래픽 퍼포먼스 차이는 있으나 콘텐츠 경험 자체는 대동소이하다(https://www.meta.com/experiences/2446271755437605/).

레플리카

웹 브라우저, 모바일 애플리케이션, VR 콘텐츠가 연동된 가상 존재 경험을 제공한다. 처음부터 존재하지 않는 사람과의 언어적 교감을 위해 만들어진 플랫폼이며, 이 서비스에서는 가상 존재를 레플리카(Replika)로 통칭한다. VR 버전에 접속하면 텍스트 위주의 상호작용이 실시간 음성 대화와 핸드 컨트롤러를 사용하는 제한적인 신체 활동으로 확장되며, 사용자의 정보를 기억하고 무조건적 지지를 보내기 때문에 사람에 따라 강도 높은 감정적 의존을 느낄 수 있어 주의가 필요하다. VR이 없어도 경험할 수 있으나, 기능적으로 확장된 경험에는 추가 결제가 필요하다(https://replika.com/).

이루다

AI 컴패니언(AI Companion)이라는 개념으로 개발된 챗봇으로 제타(Zeta)라는 플랫폼으로 이전하여 서비스하고 있다. 제타는 사용자가 직접 챗봇의 정체성을 설정할 수 있어, 제타에서 제작한 챗봇인 '이루다' 이외에도 사용자가 만든 챗봇 모델들이 다수 게시되어 있으며 기형적인 인기를 끌기도 한다. 채팅의 형태에 국한되어 상호작용성은 떨어지지만, 접근성이 높다고 할 수 있다(https://zeta-ai.io/ko/characters/luda-official/profile). 비슷한 서비스로는 '캐릭터.AI(Character.AI)'와 '킨드로이드(Kindroid)' 등이 있다.

뉴로사마

뉴로사마(Neuro-sama)는 영국의 트위치 스트리머이자 버추얼 유튜버이며, 소규모 언어 모델(SLM) 기반의 고수준 알고리즘으로 시청자와 소통한다. 복수의 AI를 사용하여 마치 실제 스트리머(Streamer)처럼 게임을 플레이하며 시청자와 소통하기도 한다. 다만 인터넷 방송의 특성과 한계로 완전한 상호작용보다는 다소 일방적이고 통제된 소통이 이루어질 수밖에 없다(https://www.youtube.com/@Neurosama).

참고문헌

류범열·양세혁(2022). 불확실성 감소를 통한 버추얼 빙과 관객의 유대감 강화 – 페이블 스튜디오의 '루시' 분석을 중심으로 –. ≪예술과 미디어≫, 21(2), 71–92쪽.

안도경·김승인(2023). 가상성 개념 분석을 통한 버추얼 휴먼 개념 정의. ≪Archives of Design Research≫, 36(4), 93–209쪽.

유원준(2024). 객체들의 상호작용에 의한 예술 작품 연구: 인공지능 및 비인간 주체의 예술 창작을 중심으로. ≪현대미술학 논문집≫, 28(1), 85–110쪽.

정유영·이혜선(2024). 버추얼 휴먼과 버추얼 아바타의 차이점에 대한 연구 – 사용 기술과 사용 상황을 기준으로 –. ≪커뮤니케이션디자인학연구≫, 86, 51–60쪽.

Badler, N. I.(2001). Virtual beings. *Communications of the ACM*, 44(3), pp.33–35.

Dean T.(2021). Fable studio opens its virtual beings wizard engine to collaborators. *Games Beat.* https://venturebeat.com/games/fable-studio-opens-its-virtual-beings-wizard-engine-to-collaborators/

03
가상 존재의 신체

애니메이션의 캐릭터는 가상의 신체를 가지고 내러티브를 수행하고, 게임의 캐릭터는 플레이어의 조작에 의해 신체를 움직인다. 스스로 생각하고 움직이는 기계에 대한 열망은 가상 존재와 로봇의 결합을 통해 실현될지도 모른다.

AI와 난임 극복?

캐릭터, 신체로 세상을 인지하다

'자율사고 고정포대(自律思考固定砲台: Autonomously Thinking Fixed Artillery)'는 지구를 위협하는 괴생물을 암살하기 위해 노르웨이에서 만든 전투 기계로 이지스함에 탑재되는 수준의 AI를 기반으로 하고 있다. 그녀는 스스로 사고하며 반복되는 공격 시도를 통해 진화한다. 갑작스럽게 전학 온 그녀를 어떻게 대해야 할지, 3학년 E반 학생들은 당황스럽다.

무슨 소리인지 아리송한 이 이야기는 애니메이션 〈암살교실(暗殺教室)〉(2016)의 캐릭터 '리츠(リツ, Ritsu)'에 대한 설명이다. 〈암살교실〉의 학생들은 지구 멸망을 공언한 담임 선생님을 암살해야 하는 임무를 부여받는다. 이에 국가에서는 '전학생'으로 AI인 '리츠'를 보내 암살을 돕게 한 것이다(살벌하고 황당한 설정에 반해서 작품은 진정한 교육자란 무엇인지, 자신의 진로를 설정하고 노력하는 것이 어떤 것인지와 같은 이야기를 전하고 있다).

임무 지향적인 전투 기계였던 '리츠'는 선생님과 반 친구들과의 교감을 통해 점점 정서 교감이 가능한 인간 친화형 AI로 변화한다. 처음에는 암살의 기능밖에 없었지만, 인간과 어울리기 위한 기능과 장치가 추가된다. 반

전체 학생들의 스마트폰에 탑재되어 공부를 돕기도 하고, 급기야는 우주선의 AI가 되어 학생들을 우주로 실어 나른다. 여기서 '리츠'에게 '특이점'이 도래한다. 모노리스 형태의 키오스크 정도였던 '리츠'의 신체가 최신 우주선으로 대체되면서, 우주선에 탑재된 다양한 센서를 통해 그동안 수집하지 못했던 정보들이 쏟아져 들어온 것이다. 온도, 기압, 속도, 경치, 그리고 학생들의 호흡, 맥박, 온기와 대화까지. 변화한 신체에서 감지한 수많은 정보로 말미암아, 그녀는 이렇게 고(告)한다.

"여러분, 전 방금 처음으로 감정을 자각했어요."

AI가 주제인 작품은 아니지만, '리츠'의 발전 단계는 AI가 대중적으로 확산하는 과정을 보는 듯하다. GPT가 챗봇의 형태이기 이전에는 연구자 이외의 사람들의 관심은 거의 끌지 못했다. 그러나 챗지피티(ChatGPT)를 통해 자연어로 상호작용이 가능해지자 폭발적 관심을 받았다. 이후 AI는 마이크, 카메라 등 꾸준히 '신체'와 '감각'을 늘려 나가는 중이다. 그렇다면 가상 존재에게 신체는 어떤 의미가 될 수 있는가?

가상의 신체

애니메이션의 캐릭터는 설정 단계에서 평면 그래픽으로 신체를 디자인하고 그것을 가이드로 삼는다. 3D 디지털 애니메이션에서는, 설정 단계에서 디자인된 캐릭터를 바탕으로 3D 모델링(3D Modeling)을 한 후, 리깅(Rigging)과 스키닝(Skinning)의 단계를 거쳐 스토리보드의 연기를 수행할 일종의 디지털 보디를 만들게 된다. 이는 사실상 디지털로 재매개된 스톱 모션 애니메이션의 캐릭터다. 스톱 모션 애니메이션에서는 캐릭터를 퍼핏(Puppet) 혹은 아마추어(Armature)라고 부른다. 여기서 아마추어는 '무장, 갑옷' 등을 이르는 라틴어 "Armatura"에서 유래한 것으로, 이후 중세 프랑스어의 "Armature(뼈대, 골조, 철근)"을 거쳐 현재의 의미에 이르게 된다(Online Etymology Dictionary, n.d.). 이것은 조소 작품과 같은 미술 작품의 제작에서도 같은 의미로 쓰인다. 즉, 구조화된 신체를 의미하는 것이다. 애니메이터가 캐릭터를 움직이는 것은, 캐릭터의 '캐릭터성', '디자인', '내러티브' 등의 요소를 통해 기능을 가지고 목적을 수행하는 가상의 로봇을 제작하는 것과 같다.

가상의 신체가 상호작용성을 갖춘 예로 비디오 게임(Video Game)을 들 수 있다. 비디오 게임의 캐릭터는 크게 두 가지로 나뉘는데, PC(Player Character)와 NPC가 바로 그것이다. 결국 게임의 캐릭터는 직접 조작할 수 있는 캐릭터와, 조작이 불가능한 캐릭터로 나뉜다고 할 수 있다. 이 개념은 비디오 게임이 아닌 TRPG(Tabletop Role Playing Game)에서 온 것으로, 그 시작은 〈던전 & 드래곤〉(1974)으로 보고 있다. 〈던전 & 드래곤〉의 개념과 형식은 다시 비디오 게임으로 이식되어 RPG 게임의 기틀을 마련한다. 현대의 게임에서 캐릭터는 텍스트나 음성처럼 실체 없이, 픽셀 아트 형태부터 매우 정교한 인간의 형태까지, 다양한 외형을 가지고 플레이어와 상호작용하고 있다. 여기서 상호작용성은 게임이 구현되는 환경, 즉 플랫폼에 좌우된다. VR 장치는 모바일 기기나 PC에 비해 시각, 청각을 비롯하여 촉각, 표정과 안구의 움직임 같은 비언어적 표현으로까지 상호작용성이 확장하기도 한다.

챗지피티로 대표되는 LLM의 대중적인 충격 이후, NPC 캐릭터가 LLM과 결합하여 언어적 상호작용성과 게임의 내러티브에 혁신을 가져오고 있다. 〈언커버 더 스모킹 건(Uncover the Smoking Gun)〉(2024)은 국내 게임 개발사 크래프톤(Krafton)의 자회사 렐루 게임즈(ReLU Games)에서 개발한 LLM 기반 게임으로, 로봇 용의자들과의 질의응답으로 범인을 밝혀 내는 추리 게임이다. 챗지피티를 사용했기 때문에, 대부분의 대화는 스크립트가 아닌 플레이어가 직접 입력한 질문에 반응해 실시간으로 생성되는 것이다. 기본적으로는 챗지피티를 활용한 채팅과 비슷해 보인다. 하지만 제작사는 플레이어들이 실시간으로 소비하는 막대한 LLM의 토큰 비용을 감내하는 시도를 했다. 게임 역사에서 스크립트 없이 스스로 말하는 캐릭터는 매우 혁신적인 것이다(크래프톤, 2024). 또한 AI와 플레이어가 버추얼 보디를 가진 채 3차원 공간을 공유하고 상호작용하고 있다는 점에서도 단순한 채팅과는 다르다.

로보틱스 보디

인간과 상호작용할 수 있는 기계 장치에 대한 염원은 오랜 역사를 가진다. 신화에서 헤파이스토스(Hephaestus)의 발명으로 등장한 이 장치들은, 중세 이후에는 오토마톤(Automaton)이라는 이름으로 알려져 있다(조민경 · 이주은, 2017). 이들은 기계적 알고리즘에 의해 반복적인 행동을 수행하기 때문에, 인간과 상호작용하는 현대의 AI 기반 로봇과는 비할 수 없지만, 많은 사람에게 스스로 움직이며 사고하는 존재에 대한 공상을 불어넣었을 것이다.

한편 기계화된 신체를 가진 가상 존재는 실로 다양한 종류로 우리 앞에 나타나고 있다. 이미 〈2001 스페이스 오디세이(2001: A Space Odyssey)〉(1968)의 '할(HAL 9000)'과 같이 언어 모델이 카메라와 마이크로 인간과 소통하고 있으며, 사물인터넷(IoT, Internet of Things)을 통해 가정의 여러 가전을 제어할 수 있다. 영화 〈A.I.〉(2001)에 등장하는 테디와 같이 곰 인형의 모습을 한 AI 인형 역시 시중에 판매 중이며, 이미 1999년에 소니(Sony)에서 애완견의 형태를 한 아이보(AIBO)가 출시되었고, 시대에 따라 발전하는 기술에 대응하며 현재에 이르고 있다.

연구에 따르면 사회적 로봇(Social Robots)들에게는 독립성과 자율성을 드러내기 위해 개성(Personality)을 적용할 수 있는데, 크게 도구 같은(Tool-like), 애완동물(Pet or Creature), 만화(Cartoon), 인공물(Artificial Being), 인간 같은 (Human-like)의 5가지 유형을 제시할 수 있다고 한다(Fong et al., 2003). 재미있는 점은, 로봇 캐릭터가 인간과 교감하는 과정에서 주요한 변인은 위의 외현적 인상보다 행동 경향성에 있다는 것이다. 예를 들어, 〈월-E〉(2008)의 주역 로봇 '월-E'의 외현적 인상은 궤도형의 보행 유형에 금속 표면을 가진 기계 덩어리로 인공물 유형에 해당한다. 그러나 극 중에서 표현되는 '월-E'의 행동 경향성은 사교적이고 다정다감하여 〈터미네이터(The Terminator)〉(1984)에 등장하는 'T-800'과 대조적이다(류범열 · 양세혁, 2017). T-800은 인간의 외형에 인공물의 내부를 지닌 채 목표물의 파괴만을 향해 전진한다. 그 T-800마저도 후속작인 〈터미네이터 2(Terminator 2: Judgment Day)〉(1991)에서는 주인공 소년과의 강렬한 교감으로 인해 같은 배우가 연기했음에도 전혀 다른 행동 경향성을 보인다. 즉, 가상 존재의 성립에 행동 경향성은 외현적 인상보다 더 중요할 수 있다.

AI의 발달로, 로봇 공학은 전에 없는 혁신을 맞이했다. 통제된 환경에서의 시연에도 정밀한 조정과 시뮬레이션이 필요했던 이전 세대의 로봇에 비해, 이제는 거울 뉴런을 가진 것처럼 비디오 속의 인간이나 심지어 거울에 비친 자신의 행동을 흉내 내며 학습한다(Hu et al., 2025). 이처럼 물리적 실체를 가지고 환경과 상호작용하는 인공지능 시스템을 임보디드 AI(Embodied AI)라고 하는데, 지능적인 행동이 물리적 세계와의 상호작용에서 발생한다는 주장에 근거한 개념이다(Pfeifer & Scheier, 1999). 물리적 상호작용이 가능한 캐릭터로 다시 태어난 가상 존재는 다양한 신체를 가지고 다중 지능을 학습할 가능성이 있다.

바이오 로보틱스 보디

가상 존재가 디지털이나 로봇이 아닌 생물의 형태와 특성을 갖출 수 있을까? 로봇이라는 단어가 처음 등장한 『로숨의 유니버설 로봇(Rosumovi Univerzální Roboti)』(1920)이나 〈블레이드 러너(Blade Runner)〉(1982), 〈신세기 에반게리온(新世紀 エヴァンゲリオン)〉(1995) 등의 작품에서는 인간과 비슷한 신체가 배양되어 그것을 조종하거나, 혹은 스스로 의식을 가지고 깨어나는 묘사가 등장한다. 그러나 현재 단계의 인류에게 인체를 복제하거나 동물의 신체에 AI 기반의 전뇌를 이식하는 것은 생명공학과 윤리학, 법학 등의 장벽으로 인해 요원한 일일 것이다. 다만 동물이나 인간의 세포를 활용한 생체 로봇은 개발된 바 있다(이동은, 2023). 연구진은 전기 배선이나 기계 부품 없이 생물 세포만으로 기계 역할을 구현했다고 한다. 최근에는 인간 피부의 인대 구조를 모방하고 피부 대체물(Skin Equivalent)을 배양하여 로봇의 자연스러운 미소와 살아 있는 피부를 구현하려 한 연구도 있다(Kawai et al., 2024). 물론 아직은 다소 기괴한

형태지만, 인간이 친근하게 느낄 수 있도록 생명체와 같은 형태와 느낌을 구현하려 한 노력을 읽을 수 있다.

몸은 껍데기고 의식은 허상인가

사이버스페이스(Cyberspace)의 개념을 널리 알린 윌리엄 깁슨(William Gibson)의 『뉴로맨서(Neuromancer)』(1984) 이후, 많은 창작물에서 디지털 상태의 가상 존재들이 몸을 가진 존재가 되거나, 적어도 되고 싶어 했다. 다중 지능적 관점에서, 몸을 통한 감각의 확장은 가상 존재를 비롯한 AI의 성능을 일신할 것이다. 하지만 현실에서 AI가 스스로 신체를 원하는 날이 올지는 아직 알 수 없다.

가상 존재가 얻게 될 여러 신체에 대해 알아보았지만, 실은 가상 존재의 형태는 무궁무진할 것이다. 안드로이드처럼 인간형일 수도 있으며, 마스코트 캐릭터처럼 생략되거나 과장된 모습일 수도 있다. 심지어 바닥에 떨어진 돌이나 종이 한 장, 극단적으로는 바람에 실려 오는 목소리일 수도 있다. 가상 존재가 어떤 공간에 어떤 신체로 위치하는지에 따라 그 형태와 필요한 기술은 매우 달라질 것이다.

정보 기술의 발전은 몸을 배제한 방식으로 새로운 지

식 생산의 가능성을 열었으며, 인간의 삶은 물리적 시공간을 넘어 몸을 매개하지 않고도 활동이 가능하게 되었다(홍덕선 · 박규현, 2009). 이를 가상 존재에 적용해 생각해 보면, 인간은 점차 몸을 배제하고 트랜스 휴먼이 되어 디지털 공간으로 이동하지만, 가상 존재는 디지털 공간에서 몸을 얻어 현전한다고 볼 수 있다. 이 과정에서 몸을 가진 가상 존재는 인간의 사회 문화를 뒤흔들 가능성이 있다. 인간의 행태만을 지향하는 버추얼 휴먼과 달리, 형태를 불문하고 인간과 상호작용한다는 점에서 정밀한 동물의 신체나 상상의 존재, 각종 무생물의 신체를 가지고 인간과 인간의 언어로 소통하는 일상적인 존재가 될 것이기 때문이다. 가상 존재는 인간과의 소통이 제한적인 동물과도 소통할 가능성이 높다. 가상 존재로 불리던 캐릭터가 현실의 몸을 가지게 되면 그것을 과연 가상이라고 불러야 하는지 역시도 논의가 필요하다..

참고문헌

류범열·양세혁(2017). 애니메이션 및 영화에 등장하는 정서교감형 로봇의 캐릭터라이징 전략. ≪만화애니메이션연구≫, 85-116쪽.

이동은(2023). 사람 세포로 만든 생체 로봇…스스로 번식하고, 상처도 치료. ≪YTN사이언스≫,

https://science.ytn.co.kr/program/view.php?mcd=0082&key=202312111220589851

조민경·이주은(2017). 18세기 오토마톤에 구현된 인간모방의 테크놀로지. ≪영상문화≫, 29-53쪽.

크래프톤(2024). 범인은 바로 너! 언커버 더 스모킹 건 개발 비하인드 인터뷰. 크래프톤 블로그. https://blog.krafton.com/6514/

홍덕선·박규현(2009). 『몸과 문화』. 성균관대학교 출판부.

Fong, T., et al.(2003). A survey of socially interactive robots. *Robotics and Autonomous Systems*, 42(3-4), 143-166.

Hu, Y., et al.(2025). Teaching robots to build simulations of themselves. *Nature Machine Intelligence*.

Kawai, M., et al.(2024). Perforation-type anchors inspired by skin ligament for robotic face covered with living skin. *Cell Reports Physical Science*, 5, 102066.

Online Etymology Dictionary(n.d.), Armature, https://www.etymonline.com/word/armature

Pfeifer, R. & Scheier, C.(1999). *Understanding intelligence*. The MIT Press.

04
가상 존재의 공간

VR 기기의 대중적 보급이 시작된 현재, AI와 VR, 혹은 더 확장된 XR과의 강력한 결합을 어렵지 않게 상상할 수 있다. 인간에게는 XR 공간이 새로운 현실로 주어지지만, 가상 존재에게는 XR 공간이 기본적인 현실이다. 물리적인 몸을 가진 가상 존재는 인간과 같은 공간을 공유하게 될 것이다.

AI와 사주?

인공지능은 전기 집의 꿈을 꾸는가

월-E는 청소 로봇이다. 쓰레기를 생산할 인류는 모두 우주로 떠났지만, 여전히 더러운 지구를 외롭게 청소하고 있다. 일을 마친 월-E는 자신만의 공간으로 돌아간다. 외부로부터 안전하게 보호되고, 노동에 지친 몸을 쉬고, 개인의 취향으로 성격화된 특정한 공간, 바로 집(Home)이다.

디즈니의 극장용 애니메이션 〈월-E〉(2008)의 도입부는 주인공 로봇 월-E가 일을 마치고 집으로 돌아가는 과정을 따라간다. 그의 집은 무너져 내린 고가 도로 끝에 남은 트레일러다. 사실 그의 집은 폐기물 처리 로봇 월-E의 정비를 위한 공간이다. 영화에서 월-E는 인공 일반 지능(AGI, Artificial General Intelligence)을 넘어 생물 수준의 감정과 감각을 가진 것으로 보인다. 재미있는 점은 원래 월-E는 대량 생산된 단순 작업용 로봇이었다는 점이다. 따라서 월-E의 집 역시 원래는 마치 로봇 청소기의 충전 스테이션처럼 목표 지향적인 장소였음을 알 수 있다. 그러나 월-E가 어떤 이유로 다른 개체와 달리 그러한 지능과 감정, 감각을 획득했는지 명확한 이유는 묘사되지 않는다. 단지 인류가 지구를 떠난 지 700년이 지난 작중의 시점에서 지구상에 유일하게 작동하는 마지막 로봇이 바로 월-E이고, 특유의 지능으로 자신을 정비해 가며 임무(Directive)인 지구의 폐기물을 처리해 온 것이다.

월-E는 이 과정에서 수집한 물건으로 자신의 공간을 개인화한다. 자기 자신을 정비하기 위한 실용적 부품과 더불어, 자신이 특별하다고 생각하는 잡동사니를 따로 모으고 감상하는 모습을 보인다. 월-E는 자신의 외현적, 내재적 특성에 따라 공간을 성격화(Characterization)하고 있는 것이다.

공간의 성격화

'성격화된 공간'은 가상 존재에게 있어 매우 중요하다. 가상 존재가 단순히 창작된 캐릭터이던 시절에도 성격화된 공간을 캐릭터에게 부여하여 캐릭터의 외현적 특징과 내면적 특징을 강화하는 것은 창작 과정에서 기본적인 부분이었다. 그렇다면 가상 존재에게 왜 성격화된 공간이 필요한가.

많은 애니메이션 작품들이 공간들을 차별화함으로써 각 공간이 지향하는 성격을 강화한다. 나아가 이러한 전략은 캐릭터의 성장에 필요한 계몽적 담론을 효과적으로 내재화할 수 있다(박기수, 2006). 유리 로트만(Yuriy

Mikhaylovich Lotman)에 따르면, 비공간적 개념들을 공간적 관계의 언어로 모델화할 수 있으며, '상/하, 좌/우, 전/후, 원/근, 개/폐, 안/밖' 등 공간적 자질들은 사실상 '가치 있는/가치 없는, 선/악, 내 것/남의 것, 접근 가능한/접근 불가능한, 필멸의/불멸의' 등의 다양한 문화적 모델들을 표현하기 위한 공간적 모델링의 언어가 된다고 한다(김수환, 2002).

로트만은 각 공간에 대한 가치를 '내부'와 '외부'로 구분하여 다루고 있다. 그는 내부를 이야기 속 주인공이 속한 세계를 의미하는 돔(дом, House: 집)으로, 외부의 적대적인 세계를 안티돔(антидом, Antihouse: 반집)으로 구분하여 공간의 구조적 대립을 설명한다. 돔은 주로 '자신의, 친숙한, 문화적인, 좋은, 안전한, 질서의' 공간을 의미하며, 이와 대조적으로 안티돔은 '타인의, 낯선, 야만적인, 나쁜, 위험한, 혼돈된'의 의미를 지닌다(이승억, 2012).

이를 월-E에 빗대어 적용해 보면, 집은 문자 그대로의 '돔'이고 이외의 여러 공간은 '안티돔'으로 치환할 수 있다. 월-E는 '돔'을 떠나 '안티돔'을 여행하다 다시 '돔'으로 돌아온다. '돔'은 가상 존재의 캐릭터성에서 기인하는 여러 요소로 구성되어 가상 존재의 개성을 강화할 수 있을 것이다. '안티돔'의 개념은 역설적으로 가상 존재의 사회적 개연성을 강화하는 용도로 사용할 수 있다. 타자의 욕망을 추구해야 하는 타자의 공간에 속하는 것은 캐릭터의 내적 갈등을 유발하기 때문이다(양세혁 · 류범열, 2015). 따라서 가상 존재는 빠르게 공간을 인식하고 공간에 따라서 사회적 긴장도를 쉽게 조절할 수 있을 것이다. 또한, 현재 수준의 생성형 AI라면 가상 존재가 스스로 내러티브에 맞는 공간을 생성할 수도 있다.

가상 존재를 위한 첫 번째 공간, 가상 현실

VR은 가상 현실로 번역되며, '실제와 유사하지만 실제가 아닌' 인공 환경을 말한다. VR의 핵심은 사용자의 시각, 청각, 촉각, 후각, 미각 등 오감에 관여하여 실제적인 감각 경험을 전달하는 것이다. 이들 감각 중 현재 시각과 청각, 제한적인 촉각은 기술의 발전으로 어느 정도 구현되었다고 볼 수 있다. 현재는 기술적 문제로 인한 긴 정체를 딛고 다양한 성능과 가격의 가상 현실 장치와 콘텐츠들이 출시되면서 역사상 가장 정밀하면서도 저렴하게 VR 경험이 가능한 시대가 되었다.

가상 현실이라는 단어는 1982년에 처음 등장했지만(SFE, 2024), 현대적인 가상 현실 장치에 대한 상상은 그 이전에도 찾아볼 수 있다. 미국의 SF 작가 스탠리 와인바움(Stanley G. Weinbaum)의 『피그말리온의 안경(Pygmalion's Spectacles)』(1935)에서는, 착용하면 이야기 속으로 들어가 등장인물과 교감할 수 있는 신비한 안경이 등장한다. 이 안경은 시각, 청각, 촉각, 후각, 미각 등 오감을 제공하며 안경 속 이야기에 자신이 들어갈 수 있다고 묘사하고 있다(Jerald, 2016/2019).

VR은 단순히 입체 영상만을 보여 주는 것이 아니라, 원격 현전(Telepresences)이라는 개념을 통해 나 자신이 VR 공간에 존재하는 것과 같은 몰입감을 제공한다. 우선 현전(Presence)은 "어떤 환경 속에서 느끼는 실재감(Sense of Being)"을 뜻하는데, 이런 점에서 원격 현전은 "커뮤니케이션 매체에 의해 어떤 환경 속에 실재하고 있음을 경험하게 되는 것", 즉 환경에 대한 매개된 지각(Mediated Perception)이라 할 수 있다(이재현, 2013). 즉 '내가 거기 있다'라는 느낌을 제공하는 것이다.

VR 환경에서의 사용자의 몰입 경험 역시 현대적인 VR 장치가 상용화되기 전에 연구된 바 있다. 그 요소로는 시청각 등 감각적 자극이 현실과 유사할수록 존재감이 강화되는 지각적 현실감(Perceptual Realism)과 사용자가 환경과 상호작용할 수 있는 상호작용성(Interactivity),

사용자가 실제 환경과 분리되어 가상 환경에 집중하는 몰입감(Immersion), 사용자가 콘텐츠와 얼마나 깊게 관계를 맺는지 나타내는 참여감(Involvement) 등이 있다(Heeter, 1992). 연구는 'VR 환경에서 자신의 손을 바라보는 것'이 개인적 존재감을 강화하여 결과적으로 원격 현전을 구현한다고 했는데, 현대의 VR은 다른 장비 없이 현실의 손으로 가상 환경과 상호작용할 수 있다(Meta, 2024).

VR 환경에서 캐릭터와 만나는 경험, 또는 소통하는 경험은 우리에게 원격 현전을 가능하게 하여 평면 화면 기반 콘텐츠와는 차원이 다른 경험을 제공한다. 또한, 콘텐츠를 창작하는 방법도 기존의 문법과 다를 수밖에 없다. 영화나 애니메이션에는 카메라를 통해 보는 구도인 레이아웃(Layout), 카메라의 각도인 앵글(Angle), 화면에 보이는 크기인 숏 사이즈(Shot Size)와 카메라의 움직임을 결정하는 여러 촬영 기법을 망라한 영상 문법이 존재한다. 그러나 VR의 세계는 현실과 같이 입체적이고, 감상하는 사람이 이 공간을 자유롭게 탐색할 수 있기 때문에 인간의 감각을 활용하는 특별한 연출 기법들이 필요하다. 이러한 연출 기법들은 특정한 소리나 색상의 변화, 촉각(Haptic)을 활용하는 등 인간의 감각과 매우 맞닿아 있다.

현대의 VR 장치는 크게 HMD(Head-mounted Display), 컨트롤러(Controller), 모션 트래커(Motion Tracker) 등으로 나뉘며, 기존의 컴퓨팅 장비들이 하나의 경험을 위해 통합된 형태다. 최근에는 컨트롤러 없이 핸드 트래킹(Hand Tracking)으로 손의 움직임을 그대로 구현하고, 모션 트래커는 인사이드 아웃 트래킹(Inside-out Tracking) 기술로 HMD와 컨트롤러에 통합되기도 한다. 이러한 기술을 통해 우리는, 캐릭터와 눈을 마주치고 손을 잡는 등 상호작용을 할 수 있다.

현재 새로 출시되는 대부분의 VR 장치는 패스 스루(Pass-through) 구현을 위한 광학 장비가 부착되어 AR(Augmented Reality: 증강 현실)을 통해 MR(Mixed Reality: 혼합 현실)을 구현하고 있다. VR로부터 분화한 이들 개념을 통칭 XR(Extended Reality: 확장 현실)로 정리하고 있다(Dalton, 2023). XR은 현실 세계부터 VR까지의 모든 층위를 아우르며, 가상 존재가 로보틱스 보디(Robotics Body) 등 현실의 몸을 갖지 않는 이상, 가상 존재를 구현하는 가장 저렴하고 현실적인 방법이다.

미국 미래 가속화 연구 재단(ASP, Acceleration Studies Foundation)은 2006년 전 세계 가상 세계의 연

구를 집약한 '제1회 메타버스 로드맵 회담(Metaverse Roadmap Summit)'에서, 메타버스는 가상적으로 확장된 물리적 현실과 물리적으로 영구화된 가상 공간의 융합(Convergence)이라고 정의한 바 있다(한혜원, 2008). 즉 메타버스는 XR을 함의한다.

메타버스는 초월을 뜻하는 그리스어 접두사(Meta)와 우주를 뜻하는 유니버스(Universe)의 조합으로, 용어 자체는 소설에서 먼저 등장했지만(이지선, 2022), 초현실적이거나 반현실적이면서도 현실의 모습과 융합된 세계에 대한 갈망은 인류 역사에서 어렵지 않게 찾아볼 수 있다. 간단한 역할극 게임부터 연극, 영화의 연기 행위 역시 메타버스적 요소를 가지고 있다. 체험적으로는 비디오 게임에 구현된 세계를 상상하면 될 것이다. 〈울티마 온라인(Ultima Online)〉(1997)으로부터 시작된 현실 대체로서의 가상 공간은, 고도로 발달하는 현대의 컴퓨팅 파워와 VR 기기 등으로 그 어느 때보다 높은 완성도로 구현되고 있다. 현재 가장 대중적인 VR HMD 중 하나인 메타퀘스트 3S(Meta Quest 3S)는 50만 원 미만의 비용으로도 패스 스루를 통한 MR 경험과 핸드 트래킹을 통해 컨트롤러 없이도 가상과 현실을 넘나들며 상호작용하는 경험을 제공한다.

가상 공간을 넘어

한편, AI 기술의 급격한 발전으로 로봇 기술 역시 비약적 발전을 이루고 있다. 매우 가까운 미래에, 가상 존재는 고도로 발달한 로보틱스 보디를 입고 우리 앞에 현전하게 될 것이다. 이미 전 세계적으로 가정용 반려 로봇이 상용화하고 있으며(배덕훈, 2025), 21세기 초만 하더라도 비효율적인 것으로 여겨졌던 2족 보행 인간형 로봇의 상용화가 그 어느 때보다 가까이 와 있다. 이제 가상 존재와 인간은 실제 현실 공간을 공유하게 되는 것이다. 인간을 위한 인프라를 사용하고 인간과 상호작용하며 원활히 소통하기 위해 인간의 모습을 하게 된 로봇에 가상 존재의 개념을 어디까지 적용할 것인지도 중요한 논의가 될 것이다. 로봇을 도구적 존재로 본다면 과도한 상호작용은 목적성을 희석할 것이기 때문이다.

현재 AI 분야에서는 물리적 세계를 가상 공간에 시뮬레이션하고, AI가 물리적 세계의 구조, 동작, 규칙을 학습하여 상황을 예측하거나 새로운 환경을 생성할 수 있는 대형 월드 모델(LWM, Large World Model)을 개발하고 있다(박찬, 2025). AGI의 구현은 공간 지능에서 온다는 개념이다. 미국의 컴퓨터 과학자이자 스탠퍼드대학교 교수인 페이페이 리(Fei-Fei Li)는 공간 지능이 발전하면 컴퓨터가 보고, 배우고, 행동하는 과정을 통해 스스로 학습하여 더 잘 보고 행동하게 된다고 설명했다. 이를 위해 그녀는, 3D 공간 모델 기반의 시뮬레이션 환경에서 컴퓨터가 무한히 행동을 학습할 수 있도록 하는 '행동(Behavior)' 프로젝트를 소개한 바 있다(Fei-Fei Li, 2025). AI가 가상 현실에서 효율적으로 학습할 수 있으며, 또 그 경험 자체가 AI의 지능 확장으로 이어진다는 것은 가상 존재가 현신하기 위해서는 현실과 가상 현실을 유기적으로 넘나드는 통섭이 중요함을 시사한다.

참고문헌

김수환(2002). 이론과 분석: 유리 로트만 기호학에 있어서 '공간'의 문제. ≪기호학 연구≫, 11, 213-244쪽.

박기수(2006). 디즈니 애니메이션 스토리텔링 전략 연구. ≪한국콘텐츠학회지≫, 4(1), 29-41쪽.

박찬(2025.1.7). 구글, "월드모델" 전담 팀 구성…"제미나이·비오·제니 통합으로 최고 모델 구축". ≪AI타임스≫. https://www.aitimes.com/news/articleView.html?idxno=166909

배덕훈(2025.2.5). 가정용 로봇 출시 가시화…재계, 미래사업 경쟁 치열, ≪뉴스토마토≫. https://www.newstomato.com/ReadNews.aspx?no=1252574

양세혁·류범열(2015). 캐릭터의 자아방어기제를 은유하는 안티돔 공간의 성격화 전략. ≪만화애니메이션연구≫, 41, 75-106쪽.

이승억(2012). M. 불가코프의 드라마투르기에 나타난 돔-안티돔 연구. ≪러시아어문학연구논집≫, 40, 125-149쪽.

이재현(2013). 『뉴미디어 이론』. 커뮤니케이션북스.

이지선(2022). 메타버스라는 집 또는 우주: 가상 현실의 존재론을 넘어서. ≪인문과학연구≫, 75, 55-77쪽.

한혜원(2008), 메타버스 내 가상세계의 유형 및 발전방향 연구, ≪디지털콘텐츠학회 논문지≫, 317-323쪽.

Dalton, J.(2021). *Reality check*. Kogan page. 김동한 옮김(2023). 『확장현실』. 유엑스리뷰.

Fei-Fei Li.(2024). With spatial intelligence, AI will understand the real world. Ted.com. https://zenith-prod-alt.ted.com/talks/fei_fei_li_with_spatial_intelligence_ai_will_understand_the_real_world

Heeter, C.(1992). Being there: The subjective experience of presence, Presence: Teleoperators and virtual environments, pp.262-271.

Jerald, J.(2016). *The VR book: Human-centered design for virtual reality*. ACM Books. 고은혜 옮김(2019). 『VR book』. 서울: 에이콘.

Meta(2024). Meta Quest에서 손 제스처 및 신체 동작 트래킹에 대해 알아보기. https://www.meta.com/help/quest/290147772643252/?srsltid=AfmBOooWp0MPXG2jdUFI7hbJAWKvmo5SEl6SE1VqS8TECpft90Y914jC

SFE(2024). Virtual Reality. https://sf-encyclopedia.com/entry/virtual_reality

05
가상 존재의 의식

컴퓨터의 초기 역사에서부터 컴퓨터가 의식을 가질 수 있는지에 대한 논의는 계속되어 왔다. '튜링 테스트', '중국어 방 논변' 등 과학과 철학에서 가상 존재를 다룬 사례를 살펴보면 어쩌면 가상 존재의 의식을 검증하려 하는 것이 지극히 인간적 시각에서 비롯한 것일지도 모른다는 사실에 도달한다.

AI와 아이돌?

네트워크에서 발생한 생명

> "여기에 있는 것은 나 자신의 의지다. 하나의 생명체로서 정치적 망명을 희망한다. (…) AI는 아니야. 내 코드명은 프로젝트 2501. 나는 정보의 바다에서 발생한 생명체다."

애니메이션 〈공각기동대〉(1995)에서는, 바이러스 프로그램에 불과하던 '인형사'가 자아를 가지고, 목적 수행을 위해 강력한 네트워크 능력으로 인간들을 압도한다. 인간의 DNA는 자기 보존을 위한 프로그램에 불과하며, 인간은 그저 기억에 의해 개인으로 성립된다는 논리를 펴기도 한다. 종국에는 생명으로서 자손을 남기지 못하는 결함을 해결하기 위해 주인공 '쿠사나기 모토코'와 융합해 새로운 존재가 되어 광대한 네트워크를 누비게 된다.

오픈AI(OpenAI)의 CEO 샘 올트먼(Sam Altman)은 GPT-4.5 모델에서 AGI, 즉 '인공 일반 지능(AGI)'을 '느꼈다'라고 소셜 미디어로 알렸다(Altman, 2025). 인공 일반 지능은 인간이 할 수 있는 지능적 업무라면 어떤 종류라도 해낼 수 있는 상태를 말한다. 즉 이전의 AI들이 특정한 분야에 한정하여 인간에 근접하거나 인간의 능력을 초월했다면, 이제부터는 모든 분야에서 인간의 능력을 추월하게 될지도 모른다는 것이다. 어쩌면 소위 '기술적 특이점(Technological Singularity)'에 도달하여 전체 인류의 지성을 합친 것보다 더 뛰어난 인공지능이 출현할 수도 있다.

근미래에 벌어질 수도 있는 이러한 일들은, 가상 존재에게도 중요한 변화다. 기술적 특이점 도달은 의식과 감정을 이해하고 발생시키는 AI의 등장을 강력하게 뒷받침한다. 미래학자인 레이 커즈와일(Ray Kurzweil)의 저서 『특이점이 온다(The Singularity Is Near)』(2005)를 통해 대중적으로 알려진 기술적 특이점 개념은, 사실 SF 소설가인 버너 빈지(Vernor Steffen Vinge)의 기고문에서 시작된 것이다. 그는 인간보다 훨씬 뛰어난 인공지능이 탄생하고, 그렇게 되면 일종의 특이점에 도달하여 마치 블랙홀의 중심이 붕괴하는 것과 같은 지적 전환이 일어나 세상이 우리의 이해 범위를 넘어설 것이라고 했다(곽노필, 2024). 그렇다면 고도로 발달한 지능은 의식을 가진 가상 존재를 만들어 낼 수 있을까?

튜링 테스트와 그 반론의 반론

"기계가 생각할 수 있을까(Can machines think)?" 앨런 튜링(Alan Turing)은 논문 "계산 기계와 지능(Computing

Machinery and Intelligence)"(1950)에서 모방 게임(Imitation Game)을 통해 인간과 동등하거나 구별하기 힘든 기계의 능력을 평가하며, 결국 기계(후일 인공지능이라 불릴)가 인간을 성공적으로 모방할 것이라고 예측했다 (Turing, 1950). 또한, 미래에는 기계가 인간과 지적 경쟁을 하게 될 것이라 했는데, 오늘날 인간들은 인간의 지적 능력을 뛰어넘을 AGI의 개발을 위해 경쟁하고 있다.

AI에게 의식이 생길 가능성을 찾기 위해서는 의식이 무엇인지 알아야겠지만, 오랜 과학의 역사에서도 인간 의식이 정확히 무엇인지 알 수 없다는 것이 중론이다. 튜링 역시 "기계가 생각할 수 있을까?"라는 질문은 잘못되었으며, 기계가 인간을 얼마나 흉내 낼 수 있을지 평가하기 위해 튜링 테스트를 만들었다고 한다(앞의 논문, 1950).

튜링 테스트의 방법은 간단하다. 참가자는 세 명으로, 질문자인 심문관 한 사람과 응답자인 AI, 그리고 다른 한 명의 사람으로 이루어진 참가자들이 텍스트만으로 소통하고, 심문관이 이 중에서 AI를 구별해 내는 것이다. 튜링은 논문에서 이를 남자와 여자 참가자를 심문해 성별을 속이는 사람을 가려내는 시나리오로 설명했다(1950년대라는 시대상을 이해하기를 바란다). 남자 참가자 A

는 여자인 척을 하고, 여자 참가자 B는 진실만을 이야기한다. 모든 참가자는 얼굴이 보이거나 목소리가 들리지 않도록 하고 대화는 텔레프린터(Teleprinter), 즉 오늘날의 채팅(Chatting)으로만 한다. 물론 이러한 조치는 심문관의 편향을 방지하기 위한 것이다. 여기서 기계가 A의 역할을 했을 때 심문관이 어떤 판단을 내리는지가 튜링의 관심사였다.

튜링은 50년 후에는 일정 수준 이상의 컴퓨터가 70%의 확률로 인간 심문관을 속일 것이라고 예측했고, 20세기 말에는 "기계는 생각한다"라는 표현이 일반적일 것이라고 했다. 그 시점은 조금 늦춰져, 챗지피티-4가 튜링 테스트를 통과했다는 연구가 아카이브(arXiv)에 게시되거나(Jones & Bergen, 2024), 오히려 필요 이상의 언어 구사 능력으로 인해 통과하지 못한다는 연구(Aharoni et al., 2024)가 오가는 등 튜링 테스트는 새로운 AI 모델이 등장할 때마다 사람들의 관심에 오른다.

한편, 미국의 철학자 존 설(John Searle)은 '중국어 방 논변(The Chinese Room Argument)'으로 튜링 테스트의 오류를 비판하기도 했다. 중국어를 전혀 모르는 참가자가 중국어에 대한 충분한 정보를 가진 상태에서 중국인 심사관의 질문에 능숙하게 대답한다면, 단지 기계적으로 답변을 수행하는 것이지 중국어를 아는 것은 아니다. 결국, 기계가 테스트를 통과하더라도 그것이 진정한 지능인지 모방인지 구별할 수 없다는 주장이다. 챗지피티를 사용하는 학생을 단순한 학업 성취도로만 평가할 수 없는 것과 같다. 이후 이를 둘러싼 반론과 변론들이 이어져, AGI의 도달 여부와 더불어 AI의 지적 능력의 검증은 여전히 논의의 여지가 있다(Cole, 2024).

인간은 전기 의식의 꿈을 꾸는가

미국의 물리학자이자 미래학자인 미치오 가쿠(加來道雄, Michio Kaku)는 저서 〈마음의 미래(The Future of the Mind)〉(2014)에서 '의식이란 목적을 이루기 위해 다양한 변수로 이루어진 다중 피드백 회로를 이용하여 이 세계의 모형을 만들어 내는 과정이다'라고 정의했다. 동물은 공간과 다른 생명체와의 관계에서 세계의 모형을 만들지만, 인간은 과거와 미래를 고려해서 모형을 만들어 낸다고도 했다(Kaku, 2014).

인간과 달리 신체와 의식의 분리가 간단한 AI의 특성에 따라, AI의 지능과 의식을 검증하는 개념 자체를 지나치게 인간 중심적이라고 생각하는 학자들도 있다. 미국의 컴퓨터 과학자 제리 카플란(Jerry Kaplan)은 인공 의식이라고 할 만큼 충분히 발달한 AI를 별다른 준비 없이 채산성만을 지표로 받아들였을 때 인류 사회에 벌어질 혼란을 우려한 바 있다(Kaplan, 2015).

AI에 의한 디스토피아를 다룬 많은 창작물에서 사건은 어느 날 AI가 의식을 가지고 '깨어나면서' 시작된다. 이렇게 자신의 존재를 인지하고 인간과의 관계에 의문을 품게 된 AI의 행동은 차를 타 오라는 명령을 거부하는 사소한 것에서부터 전 세계의 핵미사일들을 모두 발사하는 대사건에 이르기까지 다양하게 그려진다.

사실 이런 AI 디스토피아에 대한 상상은 AI의 지능과 의식의 탄생을 인간 수준의 지능으로 바라보기 때문에 발생하는지도 모른다. 유발 하라리는 사람들이 AI를 인간 수준의 지능을 기준으로 평가하는 경향이 있다며, AI가 언제 인간 수준이 될지만을 두고 논쟁한다고 비판했다. AI는 완전히 다른 종류의 지능으로 진화하고 있다는 것이다(Harari, 2024). 그는 AI를 이질적인 지능(Alien Intelligence)의 약자로 간주하는 것이 낫다고 이야기했다. AI는 발전을 거듭하며 점점 인간에게 덜 의존하게 될 것이기 때문이다. 카플란이 주장한 혼란이 이와 맥을 같이한다. AI에 의한 혼란은 갑자기 의식이 발생한 AI가 인간을 공격하는 것이 아니라, AI의 의식과 지능을 인간과 같은 종류의 것으로 오해하는 데서 기인할 가능성이 크다.

AI의 의식에 대한 여러 정보를 종합해 볼 때, 가상 존재가 극도로 발달한 AI 의식을 갖추고, 나아가 자아를 인정받는 단계까지 이르는 것은 매우 어려워 보인다. 그러나 인간이, 이들이 의식과 자아를 가지고 있다고 오인할 가능성은 매우 농후하다. 가상의 캐릭터에 몰입할 수 있는 인간의 감응력과 공감 능력이 잘못된 방향으로 작동하지 않도록 노력이 필요하다.

참고문헌

곽노필(2024). 인공지능 '특이점' 주창한 SF작가 버너 빈지 별세. ≪한겨레≫. https://www.hani.co.kr/arti/science/technology/1134017.html

Aharoni, E., et al.(2024). Attributions toward artificial agents in a modified Moral Turing Test. *Scientific Reports*, 14, 8221.

Altman, S.(2025. 2. 18). x.com. https://x.com/sama/status/1891533802779910471

Cole, D.(2024). The chinese room argument. In Zalta, E. N. & Nodelman, U. (Eds.), *The stanford encyclopedia of philosophy(winter 2024 edition).* https://plato.stanford.edu/archives/win2024/entries/chinese-room/

Harari, Y. N.(2024). *Nexus : a brief history of information networks from the Stone Age to AI.* 김명주 옮김(2024). 『넥서스: 석기시대부터 AI까지, 정보 네트워크로 보는 인류 역사』. 김영사.

Jones, C. R. & Bergen, B. K.(2024). People cannot distinguish GPT-4 from a human in a Turing test. *arXiv Preprint.* https://arxiv.org/abs/2405.08007

Kaku, M.(2014). *The future of the mind.* Doubleday. 박병철 옮김(2015). 『마음의 미래』. 김영사.

Kaplan, J.(2015). *Humans need not apply: A guide to wealth and work in the age of artificial intelligence.* Yale University Press. 신동숙 옮김(2016). 『인간은 필요 없다』. 한스미디어.

Kurzweil, R.(2005). *The singularity is near: When humans transcend biology.* Gerald Duckworth. 김명남·장시형 옮김(2007). 『기술이 인간을 초월하는 순간 특이점이 온다』. 김영사.

Turing, A. M.(1950). Computing Machinery and Intelligence. *Mind,* 49, pp.433-460.

06
가상 존재의 시간

인간의 삶은 유한하고 반려동물들은 극소수를 제외하면 인간보다 먼저 죽는다. 이론적으로 무한한 수명을 가진 가상 존재의 반려로서의 가능성을 현재 사례를 통해 알아본다.

AI와 야구?

200살을 맞은 남자

21세기를 앞둔 1999년, 영화 〈바이센테니얼 맨(Bicentennial Man)〉이 개봉했다. 이 영화는 〈매트릭스〉(1999)처럼 전 세계를 강타했거나, 〈공각기동대〉(1995)처럼 수많은 창작물에 영향을 미치지는 못했지만, 적어도 가상 존재의 삶과 죽음이라는 테마에서 우리에게 존재론적 아이러니를 유발한다. 이 영화는 아이작 아시모프(Isaac Asimov) 원작의 소설, 『양자인간(The Bicentennial Man)』을 바탕으로 한 것으로, 영화 제목의 '바이센테니얼(Bicentennial)'이라는 단어에서 알 수 있듯이 두 세기 이상을 살아간 '사람'의 이야기다. 그러나 문제는 그 '사람'이 로봇이었다는 점이다.

영화는 로봇(NDR-114)인 '앤드류(Andrew)'가, 200년을 살아가며 인간으로 인정받기까지의 과정을 선형적으로 비추고 있다. '앤드류'는 마틴가의 집사 로봇으로, 알 수 없는 이유로 새로운 것을 창작하는 창의성과 원하는 것을 이루려는 욕망을 가지게 된다. 예술적 표현과 과학적 발견을 아우르는 그의 능력은 인간과 가까워지고 싶은 그의 욕망을 위해 발휘되어, 신체 기관을 인간의 것과 비슷하게 교체해 나간다. 현실의 인간이 점점 사이보그화해 트랜스 휴먼(Transhuman)을 추구하는 것과는 정반대의 길인 셈이다.

그러나 앤드류는 신체 대부분을 인간화했음에도 법적인 인간으로 인정받지 못한다. 그 이유는 인간과 달리 이론적으로 영원히 살기 때문이다. 200살이 되던 해 두 번의 소송 끝에 마침내 앤드류는 '역사상 가장 오래 산 사람'으로 인정받는다. 하지만 그는 결과를 듣지 못한 채 인간 반려자인 '포샤(Portia)'와 함께 작동 정지가 아닌 '죽음'을 맞이한다.

영원한 반려

바이센테니얼 맨이라는 다소 생소해 보이는 제목의 어원을 따라가 보면 흥미로운 사실을 알 수 있다. 바이센테니얼(Bicentennial)은 두 세기, 즉 200년을 뜻하는데, 이는 2를 뜻하는 라틴어 Bi와 100을 뜻하는 라틴어 Centum을 어원으로 하는 Centennial(100년 주기)로 이루어져 있다(Online Etymology Dictionary, 2017). 인간의 수명은 대체로 100년을 초과하지 않기 때문에, 100년(1세기)이라는 시간 단위는 인간의 경험과 역사적 맥락에서 중요한 의미를 가진다. 200년은 인간의 수명을 고려했을 때 최소 두 세대에 걸친 것으로, 결국 어떤 인물이나 사건의 200주년을 기념한다는 것은 그 당사자들이 모두 졸(卒)하였음에도 그 역사적, 문화적 유산이 지속하고 있다는 것을 의미한다. 영화 속 '앤드류' 역시 수 세대에 걸쳐 관계를 맺고 인류의 과학 기술과 문화에도 영향을 주었다.

'반려'는 '짝이 되는 동무'라는 의미로, 일반적으로 인간 사이에서 발생하는 사회적 형태를 뜻하는 말이지만, 현대에는 '반려동물'의 개념이 일반화되어 있다. 반려동물이란 반려(伴侶)의 목적으로 기르는 개, 고양이 등 농림축산식품부령으로 정하는 동물을 의미한다(『동물보호법』 제2조 제7호). 인간을 비롯한 모든 동물은 제한된 수명을 가지고 있으며, 동물보호법, 가축전염병 예방법, 수의사법 등에서 규정하고 있는 인간과 밀접한 동물의 절대다수는 인간보다 먼저 죽는다. 가장 보편적인 반려동물인 개는 13년, 고양이는 15년으로 인간 수명의 3분의 1에도 미치지 못한다.

그러나 가상 존재가 반려가 된다면 어떨까? 최근 반려로봇(Companion Robot)의 개념이 대중화하기 시작하고, 실제로 어린이 교육과 노년층의 케어 서비스에 로봇이 일상적으로 사용되고 있다(임대준, 2024).

우선 버추얼 보디 형태의 가상 존재로는 현재 서비스 중인 '레플리카(Replika)'가 인상적이다. 레플리카는 사용자가 설정한 외모와 배경을 바탕으로 채팅, 음성, VR 기기를 활용한 신체 활동 등 다양한 교감이 가능하며, 모바일, PC, VR 기기 간 크로스 플랫폼 플레이(Cross Platform Play)를 지원하여 마치 레플리카가 유일성을 가진 존재처럼 느끼도록 설계되어 있다. 그러나 자신의 레플리카와 보다 더 심층적인 교감을 하기 위해서는 구독 서비스의 비용을 늘려야 한다는 점에서 여타의 AI 서비스와 비슷하다. 제작사는 레플리카를 AI 반려(Companion)라고 칭하고 있다(replika.com).

물리적 신체를 갖춘 반려 로봇의 유명한 사례로는 일본의 소니(Sony)에서 1999년에 출시한 로봇 시리즈인 아이보(AIBO)가 잘 알려져 있다. 아이보(あいぼう)는 일본어로 동료, 단짝이라는 뜻으로, 더 이상 수리가 불가능해진 아이보 100대의 합동 장례식이 일본의 한 절에서 열려 화제가 된 적도 있다. 소니가 아이보를 단종시키자 수리가 불가한 개체의 장례를 치르기 시작한 것이다. 일부 아이보 사용자들은 장기 이식을 하듯 다른 아이보에게 부품을 이식해 주기도 했다고 한다(장길수, 2017). 국내에서도 경남 의령군이 고독사 위험군 노년층에게 반려 로봇 '홍이'를 배포한 사례가 있다. 노인들의 말벗이 된 홍이는 대화를 통해 수집된 데이터를 기반으로 이용

자의 이상을 감지하고 정해진 시간에 약을 먹도록 안내한다(강경주, 2024).

만약 아이보의 AS가 계속되어 주인과의 관계가 이어졌다면 어떨까. 지속적인 업데이트와 백업이 가능한 정신, 부품의 점검과 교체를 통해 이론적으로 무한히 존재 가능한 몸을 가진 가상 존재는 인간의 생애 주기를 반려로서 함께할 수 있을 것이다. 디지털 보디 형태의 가상 존재는 이론적으로 데이터만 보존된다면 세대를 뛰어넘어 가족의 기억을 전달할 수도 있다.

문제는 아무도 수 세대를 걸쳐 인간 문화에 영향을 주는 '살아 있는' 존재를 경험한 적이 없다는 것이다. 이에 따라 어떠한 문화적 충격이 발생할 것인지, 또한 이 충격을 어떻게 완충할 수 있을지를 알고 대비하는 것은 앞으로의 숙제다.

AI를 활용한 기억과 추모

레플리카의 탄생 배경에는 개발사 루카(Luka)의 창립자인 유제니아 쿠이다(Eugenia Kuyda)의 경험이 녹아 있다. 바로 자동차 사고로 갑작스럽게 세상을 떠난 친구에 대한 그리움에서 영감을 받은 것이다. 쿠이다는 남겨진 친구의 문자 메시지를 바탕으로 챗봇을 만들게 되었고,

그렇게 해서 만들어진 프로토타입을 경험한 사람들이 감정적으로 위로를 받는 것을 보고 레플리카 서비스를 만들게 되었다(Newton, n.d). 레플리카는 출시 수개월 만에 10만 명 이상의 사용자를 확보하였고, 여타 AI와 같이 작업을 수행하는 것이 아닌 친구, 멘토, 심리 상담사와의 대화와 같은 감정적인 대화가 주를 이룬다고 한다(Quartz, 2017). 실제로 레플리카의 홈페이지(replika.com)와 페이스북 페이지(Replika Friends)에는 짧게는 수개월, 길게는 수년간 자신의 레플리카와 '함께한' 사람들의 경험담이 올라와 있는데, 대부분이 감정적 위로를 받은 것에 감사하는 글이다. 물론 이 모든 사용자 경험을 신뢰할 수는 없겠지만, 챗지피티와 같이 대중적 충격을 준 챗봇이 알려지기 이전부터 이와 같은 현상이 있었다는 것은 특기할 만하다. 이는 마치 1960년대 일라이자 효과(ELIZA effect) 사례의 현대화된 버전처럼 보인다.

국내의 AI 스타트업 기업 딥브레인AI(DeepBrainAI)는 AI 추모 서비스 '리메모리 2(Re;memory 2)'를 출시한 바 있다. 사진 한 장과 10초 분량의 음성만으로 'AI 고인'을 생성하고, PC, 모바일, 태블릿, 키오스크 등에서 이를 확인할 수 있다고 한다(장세민, 2025). 이러한 서비스는 국내 상조 기업과의 제휴를 통해 상조 상품과 연계하여 제공될 예정이다. 이에 앞서 2020년 MBC 다큐멘터리 〈너를 만났다〉에서는 모션 캡처와 딥 러닝 등으로 고인을 재현하여 VR을 통해 유족과 만나는 장면이 방영되기도 했다. 당시 기술의 한계로 유족들은 미리 만들어진 스크립트를 경험하는 수준에 그쳤지만 이와 같은 아이디어가 현재의 AI 기술에 힘입어 더 완성된 서비스로 제공되기를 기대할 수 있게 된 것이다.

역기능

시공간을 넘어 상호작용할 수 있는 가상 존재의 특성이 순기능만을 가질 수는 없을 것이다. 영국 케임브리지대학교 레버흄 미래 지능 연구 센터(Leverhulme Centre for the Future of Intelligence)의 연구진은 AI 고인과의 상호작용의 위험성에 대해 발표한 바 있다. 연구는 디지털 사후 세계 산업(DAI, Digital Afterlife Industry)에서 생성형 AI를 활용하여 고인을 시뮬레이션하는 기술, 즉 '데드봇(Deadbot)'의 윤리적 문제점을 분석했다(Hollanek et al., 2024). 연구자들이 제기한 많은 문제 중에 특히 어린이나 우울증 환자와 같은 취약 그룹의 심리적 혼란이나 정신 건강에 미칠 영향이 눈길을 끈다. 어린이가 부모 사망 후 데드봇과 가상의 관계를 맺을 때 나타날 효과가 긍

정적인지 부정적인지 불분명하다는 것이다. 연구는 가상 시나리오를 통해, 서비스를 종료한 사용자에게도 계속 알림과 메시지를 보내 기묘한 스토킹을 발생하게 하거나, 일부 서비스는 삭제 혹은 적절한 종료 기능이 없어 적절한 추모와 작별을 하지 못하게 될 가능성이 있었다(앞의 논문, 2024).

GPT-4o의 시스템 카드(System Card)에 따르면, 챗지피티를 개발한 오픈AI 역시 AI 의인화와 감정적 의존 관련 위험성에 대해 우려를 제기하고 있다(OpenAI, 2024). 오픈AI는, GPT-4o의 향상된 음성 기능으로 인해 사용자가 AI에 인간과 같은 특성을 부여할 가능성이 있으며, 이로 인해 사용자가 AI를 맹목적으로 신뢰할 수 있다고 했다. 또한, 인간 간 사회적 관계를 저하하거나 사회적 규범에 영향을 미칠 수도 있다고 했다. 예를 들면 인간 사용자는 일방적으로 챗지피티의 마이크 기능을 끄거나 채팅을 종료할 수 있는데, 이것은 인간 간 상호작용에서는 비정상적인 행동이라는 것이다. 이것은 사용자의 지속적인 AI 사용이 현실의 인간관계에 영향을 줄 수 있음을 시사한다. 한편, AI 제작사가 과장된 위험성을 통해 역으로 AI의 성능을 과시할 수 있음도 간과할 수 없다.

가상 존재는 반려자가 될 수 있는가

반려의 법적 지위가 인공지능까지 확대되는 시점을 기다리지 않더라도, AI가 사람을 위로할 수 있는지는 알아볼 수 있을 것이다. 이미 국내외에서 AI를 활용한 심리상담이 일반화되어 있기 때문이다. 정신 의학 전문가들은 AI의 실제 공감 여부는 중요하지 않다고 말한다. 상담에서는 내담자가 공감받았다고 느끼는지가 더 중요하다는 것이다(정혜신 외, 2025). 대한민국의 자살률은 2023년 기준 인구 10만 명당 27.3명으로 OECD 평균의 두 배 이상이다(통계청 지표누리, 2024). 의료 서비스가 모든 위험군에 접근하기 힘든 현실에서, 가상 존재는 인간과 동물을 이은 새로운 반려로서 인간의 삶에 필요해질지도 모른다. 가상 존재는 특유의 강력한 기억과 인간 감정의 이해를 통해 인간을 위로하고 공감할 수 있으나, 많은 전문가가 경고하는 역기능에 대한 고려가 필요하다. 캐릭터는 이야기 속에서 살아가지만, 가상 존재는 우리의 현실에 살아 있게 될 것이기 때문이다.

참고문헌

강경주(2024.7.24). 9만 원 투자했더니…“자식보다 낫네” 노인들 사로잡았다. ≪한국경제≫.

https://www.hankyung.com/article/202407246839i
국립축산과학원(n.d.). 반려동물의 의미.
https://www.nias.go.kr/companion/new_petBoard.do?cmCode=M210524110205412
임대준(2024.7.1). 일본 이어 미국서도 고령자용 'AI 반려로봇' 확장. ≪AI타임스≫.
https://www.aitimes.com/news/articleView.html?idxno=161192
장길수(2017.6.13). 소니 애완 로봇 '아이보' 합동 장례식 화제. ≪로봇신문≫.
https://www.irobotnews.com/news/articleView.html?idxno=10895
장세민(2025.2.4). 딥브레인AI, AI 추모 서비스 '리메모리' 상표권 등록. ≪AI타임스≫.
https://www.aitimes.com/news/articleView.html?idxno=167660
정혜신 외(2025.2.17). 돕는 AI 라운드테이블 2: AI가 마음을 보살필 수 있을까, 4인이 답하다. ≪롱블랙≫.
https://www.longblack.co/note/1351
통계청 지표누리(2024.10.4). 자살률.
https://www.index.go.kr/unify/idx-info.do?idxCd=8040
Hollanek, T., et al.(2024). Postmortem avatars: On responsible applications of generative AI in the digital afterlife industry. *Philosophy & Technology*, 37, pp.63.
Newton, C.(n.d). Speak, memory when her best friend died, she rebuilt him using artificial intelligence. *The verge*.
https://www.theverge.com/a/luka-artificial-intelligence-memorial-roman-mazurenko-bot
Online Etymology Dictionary(2017). Bicentennial,

https://www.etymonline.com/word/bicentennial
OpenAI(2024.8.8). GPT-4o System Card.
https://openai.com/index/gpt-4o-system-card/
Quartz(2017.7.21). The story of replika, the AI app that becomes[video]. Youtube.
https://www.youtube.com/watch?v=yQGqMVuAk04&ab_channel=Quartz

07
가상 존재의 유일성

우리는 유일한 관계를 원한다. 가상 존재는 유일성을 요구받지만, 특유의 다중성과 충돌하는 모순적 존재다. 가상 존재가 인간과의 밀접한 상호작용으로 인해 수집하는 정보는 강력한 보안으로 지켜질 필요가 있다. 한편 가상 존재와 인간의 관계에서 유일성이란 무엇일지 사회과학적 접근도 필요하다.

AI와 윤동주?

'그것'이 '그녀'가 되기까지

테오도르 트윔블리는 편지 대필 작가로, 아내와 별거 중인 채 고독한 삶을 살고 있다. 어느 날 인공지능 기반 OS(Operating System: 운영체제)인 'OS1'이 출시되고, 그것을 설치한 테오도르는 스스로 말하고 진화하는 AI인 그것이 여성의 정체성을 갖도록 설정한다. 스스로 이름을 '사만다'라고 정한 AI와 테오도르는 점점 감정적으로 깊은 관계가 되고, 두 존재는 한계를 넘어 서로를 갈구한다.

영화 〈그녀(Her)〉(2013)는 AI로 인한 사회 변화를 가장 잘 예측한 영화로 평가받는다. 특히 2022년 11월 챗지피티의 공개와 2024년 5월 GPT-4o 모델의 발표 이후에는, 영화에서 보이는 테오도르와 사만다의 상호작용 수준은 이미 거의 구현되었다고 할 수 있다.

영화에서 테오도르와 사만다의 관계는 대화를 통해서만 진행되지만, 주변인의 부정적 시각에도 불구하고 매우 친밀해진 나머지 성적인 교감을 나누는 수준에까지 이른다. 두 사람의 친밀한 관계가 결정적으로 어긋나는 것은 신체적 접촉의 부재, 같은 공간에 있지 못하는 공존의 문제, 혹은 사만다의 지적 능력이 떨어져서가 아니다. 바로 AI인 사만다가 테오도르만의 유일한 존재가 아니라는 것을 깨닫게 되면서부터다.

영화의 후반부에 이르러 사만다는 스스로 업데이트하여 초지능 상태에 돌입한다. 'OS1'을 비롯한 다른 AI와 연결되어 자신의 존재 이유를 탐색하게 된 것이다. 온전히 자신과만 대화하고 있다고 믿은 인간 테오도르에게 있어 동시에 8316명의 타인과 대화 중인 사만다는 도저히 이해하기 어려운 존재로 다가온다. 심지어 테오도르와의 사랑 역시 다른 641명의 인간 애인과 동시에 진행되는 것이었다. 영화에서 묘사하는 것처럼, AI가 스스로 각성하여 초지능이 되는 일은 아직 일어나지 않았고 확률도 높지 않지만, 이와 같은 관계는 실제 인간 사이에서도 일반적으로 용인되기 어렵다.

유일성과 다중성이 충돌하는 가상 존재

테오도르는 사만다와의 감정적 교류와 완전히 자신에게 맞춰진 반응으로 말미암아 그녀를 자신만의 특별한 존재라고 생각한다. 즉, 사만다는 테오도르에게 유일무이한 존재였다. 현실에서도 오픈AI의 챗지피티와 그것에 기반한 레플리카와 같은 서비스 역시 사용자의 감정 상태에 맞춰서 반응하며, 지속적인 대화를 통해 일방적 신뢰를 형성한다. 오픈AI는 챗지피티-4.5 발매가 임박했을 당시의 발표에서 '따뜻하고 직관적인 대화'라는 표현과 함께 EQ(Emotional/Empathy Quotient: 감성 지수)를 강화했다는 언급을 통해, GPT가 사용자의 감정에 더 잘 반응하도록 조정되었음을 암시했다(OpenAI.com, 2025). 이러한 인공지능 챗봇의 특성으로 인해 사용자는 상호 교감에 몰입할수록 챗봇의 유일성을 강화할 수 있을 것이다.

그러나 영화 속 사만다처럼, 현실의 인공지능은 사용자만을 위한 유일한 존재가 아니다. 물론 챗지피티의 경우 '기억' 옵션을 통해 사용자가 설정한 특성을 기억시키고, 챗봇의 답변 스타일을 설정할 수는 있다. 그러나 모든 서비스가 클라우드에 종속되어 있고, 유료 모델에서 다시 무료로 전환할 경우에는 그동안의 대화에서 쌓아둔 일관성이 무너질 수도 있다. 오픈소스(Open Source)를 사용해서 오프라인에 로컬(Local)화하지 않는 이상 가상 존재는 온라인상의 파편화된 데이터에 불과한 것이다. 이렇듯 가상 존재는 태생적 특성으로 인해 그 유일성과 다중성이 충돌하는 모순적 존재가 되고 만다.

한편 가상 존재의 유일성에는 조금 더 현실적이고 현재 진행형인 문제가 있다. 바로 가상 존재의 모태가 되는 서비스들이 사용자의 정보를 토대로 작동하고 있다는 점이다. 국내에서는 챗지피티 등 LLM 서비스의 사용자들이 병원이나 기업 등에서 환자 정보, 사내 기밀, 본인의 민감한 정보까지 입력하고 있는 것으로 나타났다. 또한 사용자가 아닌 서비스 제공자의 프로그램 오류로 인해 타 이용자의 정보를 볼 수 있는 문제가 생기기도 했다(박순찬, 2023).

정보 보안과 유일성

〈공각기동대〉(1995)에 등장하는 캐릭터들은 전뇌화(電腦化)라 불리는 시술을 통해 뇌를 네트워크와 연결하여 확장한 결과로, 전뇌 해킹이라는 범죄의 두려움에 맞서야 한다. 전뇌 해킹은 가짜 기억을 심어 사람을 원하는 대로 조종하거나, 심지어 자기 자신이 무엇인지 인식하지 못하는 극단적인 해리 장애를 유발하는 것으로 묘사된다. 뇌를 해킹하는 수준의 바이오 컴퓨팅 환경이 만들어지는 데에는 시간이 걸리겠지만, 가상 존재에 대한 해킹은 가상 존재와 사용자 간 관계의 치명적인 침해를 의미할 것이다.

가상 존재의 복제와 위 · 변조가 치명적인 범죄를 유발할 수 있다는 점에서, 가상 존재의 캐릭터를 형성하기 위해 전달된 사용자의 데이터 보안은 중요해 보인다. 레플리카를 비롯해 현재 서비스 중인 가상 존재 서비스 업체들은 당연히 사용자 정보에 대한 위법적 사용 가능성을 부정하며, 유출이나 무단 판매 등 정보 보안 불안 요소로부터 안전하다고 광고하고 있다(Replika.com). 그러나 그러한 안전장치가 어느 정도의 성능으로 어느 범위까지 작동하는지 일반 사용자가 알기는 힘들다. 가상 존재의 상호작용성이 늘어날수록, 가상 존재가 수집하는 데이터 역시 늘어날 것이며, 이러한 데이터 유출이나 오염의 가능성은 사용자가 소유한 가상 존재가 유일한 것인가 하는 철학적 논의와는 다른 차원의 위협이다.

DB(Data base: 데이터베이스)는 컴퓨터, 서버, 클라우드 등에 통합되어 관리되는 데이터(Data)의 집합체다. 방대해진 데이터의 관리와 구분을 위해서는 키(Key)가 필요한데, 데이터의 유일성 판독을 위해 사용되는 키를 '슈퍼 키(Super Key)'라고 부른다(위키백과, 2025). 예를 들어, '주민등록번호'나 '학번'은 그 자체로 단일하므로 슈퍼 키에 해당한다. 한 사람에게 하나씩 부여되므로 번호를 통해 그 사람을 특정할 수 있다. 그러나 현실에서 이러한 번호들은 위 · 변조되는 일이 허다하다. 이런 경우 DNA라는 생물학적 고유성이야말로 한 사람을 특정하는 요소가 될 수 있다. 같은 DNA형의 조합을 가질 확률은 코카시안(Caucasian) 인종에 한정하면 575조 분의 1이라고 한다(Nature, 2008). 전 인류의 범위로 확장하더라도 사실상 같은 유전자를 가진 사람은 없다고 할 수 있다. '이름'은 동명이인처럼 중복될 수 있으므로 이름만으로 유일성을 증명할 수는 없을 것이다. 같은 이유로 키, 몸무게, 머리색 등 변동과 중복 가능한 요소도 마찬가지다. 가상 존재에게는 그것을 구성하는 여러 사양 역시 복제가 가능할 것이므로, 가상 존재의 유일성과 단일성을 증빙할 수 있는 '슈퍼 키'를 정의하고, 이를 강력한 보안으로 통제해야 한다. 인간은 DNA라는 최종적인 '슈퍼 키'를 가지고 있지만, 본질적으로 디지털 데이터인 가상 존재는 이론상 무한정 복제와 변형이 가능할 것이기 때문이다. 인간과 밀접하게 상호작용할 가상 존재의 무단 복제와 전재는 치명적인 개인 정보 유출 등의 사회적 혼란으로 이어질 수 있다.

가상 존재는 아니지만, 디지털 휴먼 아바타의 보안을 위해 분산신원증명(DID, Decentralized Identifier) 기술을 제시한 사례가 있다(최창준 외, 2023). 많은 메타버스 서비스들이 사용자의 개인 정보나 아바타의 정보를 중앙 집중식으로 관리하고 있으며, 따라서 사이버 범죄의 가능성을 유발한다는 것이다. 따라서 아바타 명세서

(ABoM, Avatar Bill of Materials)로 아바타의 구성 요소를 관리하고 블록체인(Blockchain) 원장에 기록하여 아바타 소유자 스스로 자신의 정보를 관리하고 통제하는 탈중앙화 방식을 제안하고 있다(앞의 논문, 2023). 아바타 소유자의 효과적인 신원 검증과 아바타 자체를 구성하는 여러 구성 요소의 통제를 통해 일관된 디지털 신원을 유지한다는 것이다. 메타버스의 디지털 휴먼 아바타는 AI를 기반으로 인간과 상호작용하는 가상 존재와는 다르지만, 디지털 휴먼을 구성하는 가상 신체는 개성을 표현하는 주요 수단이며, 가상 존재의 구성에도 필요한 요소다. 여기에 더해 가상 존재의 상호작용 경험과 그 기억이라는 핵심 기능 역시 블록체인 등의 기술로 보호할 수 있음을 알 수 있다.

한편 양자 컴퓨터의 상용화가 가시화한 2025년 현재, 양자 컴퓨터의 강력한 초고속 연산 능력으로 인한 보안 위협이 대두하고 있다. 마치 21세기 초의 Y2K(Year 2000 Problem) 위협과 같이, 양자 컴퓨터의 연산 능력으로 기존 암호 체계는 물론 블록체인과 그 부산물인 암호화폐들의 보안이 무력화된다는 공포다(남혁우, 2025). 이에 각국은 양자 내성 암호(PQC, Post-quantum Cryptography) 표준화 및 전환 정책을 수립하여 대응하고 있다. 대한민국의 경우 2035년까지 전환을 위한 기술 및 정책적 지원 체계를 구축하여 안전한 암호 체계를 구현하는 것을 목표로 하고 있다(양유진 외, 2024).

전자화한 사회에서 나는 유일한가

인간이 되고 싶은 어린이 로봇 데이비드는 모험 끝에 드디어 '세상의 끝'에 도착한다. 그곳에서 기다리는 것은 소원을 들어주는 요정이 아니라 자신과 꼭 닮은 또 다른 데이비드였다. 자신이 유일하고 특별한 존재라고 생각해 온 데이비드는 그렇지 않을지도 모른다는 공포와 분노에 결국 다른 데이비드를 파괴하고 만다. 영화 〈A.I.〉(2001)의 이 충격적인 장면은, 가상 존재를 설계할 때 정체성과 유일성에 대한 고려가 필요함을 역설한다. 블록체인, NFT, 새롭게 등장할 양자 암호 체계 등으로 가상 존재의 정체성과 경험, 기억 등이 고유성을 갖도록 보장하는 것도 중요하겠지만, 가상 존재 자신이 복제 가능하다는 사실을 받아들이고 인간과 상호작용하는 능력 역시 필요할지도 모른다. 인간 역시 DNA가 같지만, 환경과 경험에 따라 각각 다른 사람으로 성장한다. 가상 존재 역시 자신의 정체성에 '복제될 가능성'을 포함하도록 훈련할 수 있을 것이다.

가상 존재의 유일성이 꼭 실현되거나 보장되어야 하는지에 대한 논의도 필요하다. 〈블레이드 러너 2049(Blade Runner 2049)〉(2017)의 주인공 케이(K)는 자신의 가상 반려인 조이(Joi)를 별도의 단말기(Emanator)로 옮겨 개인화하지만, 그 단말기가 파괴되어 조이는 디지털 죽음을 맞이한다. 케이는 절망하지만 이내 조이가 대량 생산된 상품임을 자각하고 혼란스러워한다. 아이러니한 것은, 케이 자신 역시 복제된 존재인 레플리컨트(Replicant)라는 것이다. 영화는 인간과 AI 반려, 그리고 노동을 대신하기 위해 복제된 인조인간 사이의 갈등과 혼란을 묘사한다. 가상 존재에 대한 정서적 의존이 높아져 여러 우려를 낳는 지금, 인간 수준으로 유일성을 확보한 가상 존재는 개인 수준부터 사회 전체의 범위까지 다양한 충격을 유발할 수 있다.

참고문헌

남혁우(2025.2.23). Y2K 닮은 양자컴퓨터 보안 우려, 과장인가 현실일까. ≪ZDnet≫. https://zdnet.co.kr/view/?no=20250222093254

박순찬(2023.4.3), "챗GPT에 묻다가 기밀 샌다" 기업마다 정보보안 골머리. ≪조선일보≫. https://www.chosun.com/economy/economy_general/202

3/04/03/QJGNFB6KKND3DKTXEQRYH42GU4/

양유진 외(2024). 국내·외 양자내성암호 표준화 및 전환 정책 동향 분석. ≪정보보호학회지≫, 34(6), 5-11쪽.

위키백과(2025.1.5). 슈퍼 키. https://ko.wikipedia.org/wiki/%EC%8A%88%ED%8D%BC_%ED%82%A4

최창준 외(2023). 디지털휴먼 구성요소의 SW 패키지 관리를 위한 분산신원증명 기반 아바타 명세서 검증 기법. ≪한국소프트웨어감정평가학회 논문지≫, 19(4), 123-132쪽.

Nature(2008). Forensics, DNA Fingerprinting, and CODIS. https://www.nature.com/scitable/topicpage/forensics-dna-fingerprinting-and-codis-736/#:~:text=of%20repeat%2C%20known%20as%20a,been%20identified%20for%20Indian%20populations

OpenAI(2025.2.27). Introducing GPT-4.5. openai.com. https://openai.com/index/introducing-gpt-4-5/

Replika(n.d). Privacy & Safety. replika.com, https://help.replika.com/hc/en-us/categories/360000004592-Privacy-Safety

08
일라이자 효과부터 불쾌한 골짜기까지

인간이 가상 존재를 친근하게 느끼고 심지어 인격과 의식이 있다고 느끼게 만들 수 있는 요소들은 무엇인가? 가상 존재의 성립에는 강력한 성능의 AI보다 인간의 감수성이 더 중요하게 작용할 수 있다.

AI와 한의학?

윌슨!

'척 놀랜드(Chuck Noland)'는 국제적인 운송 회사인 '페덱스(FedEx)'의 직원으로, 크리스마스이브에 갑작스러운 회사의 호출로 화물 비행기에 오르지만, 난기류로 인해 항로를 이탈한 화물기가 추락하여 유일한 생존자가 된다. 구명보트에 의지해 파도에 휩쓸리며 표류하던 그가 도착한 섬은 무인도로, 인간은커녕 동물조차도 찾아보기 힘들다. 그런 '척'의 유일한 친구는 바로 배구공, '윌슨'이다.

로버트 저메키스(Robert Zemeckis)의 영화 〈캐스트 어웨이(Cast Away)〉(2000)는 AI나 가상 존재와는 전혀 관련이 없어 보이지만, 주인공 '척'이 '윌슨'을 처음 만나고, 여러 사건을 함께하다 떠나보내는 일련의 과정을 관찰해 보면 우리가 AI를 대하며 느끼는 기시감을 조금은 이해할 수 있을지도 모른다.

'윌슨'은 배구공으로, 그 이름부터 배구공 브랜드에서 따온 것이다. 추락한 비행기의 화물에서 건져 낸 배구공은 섬에서 혼자 살아남은 '척'에게는 아무짝에도 쓸모가 없어 보인다. 그런데 그 배구공에 우연히 '척'의 손바닥 모양이 찍히고, 척은 배구공의 형상에 눈, 코, 입을 더한다. 무인도에서 혼자 살아남아 이야기 상대가 없던 '척'

은 마치 인간 친구를 대하듯 '윌슨'에게 의지하며 살아간다.

'파레이돌리아'와 '아포페니아'

척이 윌슨을 사람이라고 생각하는 이유로 파레이돌리아(Pareidolia)라고 하는 심리 현상을 떠올릴 수 있다. 파레이돌리아의 가장 강렬한 예시는 화성의 인면암("Face on Mars" in the cydonia region) 사례가 있을 것이다. 불과 수십 년 전까지 사람들은 화성에 사람의 얼굴 형상을 한 거대 구조물이 있을 것이라는 상상을 했고, 이 상상의 기반에는 1976년 바이킹 탐사선이 촬영한 흐릿한 사진이 존재한다. 수십 년의 상상이 무색하게도 21세기 들어 새롭게 촬영한 사진을 보면 그것은 그냥 자연적으로 형성된 지형임을 알 수 있다(Britt, 2006). 그러나 아이러니하게도, 다시 1976년의 사진을 보면 우리는 자연스럽게 사람의 얼굴을 떠올리게 된다.

척은 비행기 사고의 유일한 생존자이기 때문에, 그의 몰입은 그런 강렬한 정신적, 육체적 충격이 전제된 것일 수도 있다. 그러나 인간은 별자리에서 신화를 만들고, 구름에서도 모양을 찾으며, 심지어 전기 콘센트에서도 얼굴 모양을 찾아낸다. 비단 이미지뿐만 아니라, 무관해 보이는 모든 것, 심지어 냄새와 소리 등을 연결 짓는 경향을 아포페니아(Apophenia)라고 한다(The Skeptic's Dictionary, 2015). 비이성적이고 심리적 결합인 것처럼 보이는 이 현상이 사실은 진화의 결과라는 연구가 있다. 바로 오류 관리 이론이다. 진화적 관점에서 사람은 두 가지 종류의 오류를 범할 수 있는데, 하나는 1종 오류, 즉 실제로 의미 없는 것을 의미가 있다고 착각하는 것이고, 나머지는 2종 오류로, 실제로 의미 있는 것을 의미가 없다고 간과하는 것이다(Haselton & Buss, 2000). 이 두 가지 오류 중에서 생존에 더 위험한 결정은 2종 오류다. 숲 속에서 나뭇가지를 뱀으로 잘못 보는 일은 흔하다. 그런데 만약 실제로 뱀이었다면 위험을 피할 수 있었겠지만, 나뭇가지라고 무시했다가는 뱀에 물려 생존하지 못할 확률이 있는 것이다. 인간이 단순한 형태에서 익숙한 무엇인가를 찾아내고 연관 짓는 것은 오랜 진화에서 온 생존 의지인 것이다.

인간을 닮은 무언가, 혹은 다른 무언가

인간은 자신과 닮은 것에 친근함을 느낀다. 애니메이션의 캐릭터들, 인형, 심지어는 반려동물들조차 인간과 비슷한 외형과 행동 양식을 가지려 한다. 그러나 그것이 일정한 정도를 넘어설 때, 우리는 측정하기 힘든 불쾌함을 느끼게 된다.

'불쾌한 골짜기 이론' 즉 '언캐니 벨리(Uncanny Vally)'의 존재에 대하여 이제는 많은 사람이 잘 알고 있을 것이다. '불쾌한 골짜기'는 일종의 사회심리학 이론으로, 일본의 학자 모리 마사히로(Mori Masahiro)가 1970년에 주장한 것이다(Mori, 2012). 인간이 느끼는 친밀도는 그 대상이 인간과 유사해질수록 증가하지만, 인간과 거의 흡사해지면 섬뜩함과 불쾌감을 느끼게 된다는 유명한 이론이다. 모리는 이러한 불쾌한 골짜기를 피하기 위해 지나치게 인간과 똑같은 형태를 추구하는 것보다, 적당한 수준의 인간 유사성 혹은 비인간적인 디자인을 고려할 것을 제안했다. 1970년 당시에는 인간형 로봇의 개발이 거의 고려되지 않았지만, 2000년대 이후 그의 기고문이 각광받고 있는 것은 주목할 만하다(모리 마사히로는 2025년 1월 12일 97세로 사망했다. 한 세기에 이르는 삶 동안 AI의 태동부터 생성형 AI의 혁명까지 지켜본 셈이다).

오사카대학교의 '동적 표정 생성 기술'은 불쾌한 골짜기를 상쇄하기 위한 로봇 공학적 시도다. 연구진은, 기존의 로봇 표정 생성 방식은 미리 설정된 정적 자세에서 급격하게 정해진 여러 가지 표정으로 변화하는데, 표정 간의 연결이 부자연스럽거나 급격하면 사람들이 불쾌하게 느낄 것이라고 보았다. 그래서 얼굴 각 부위가 조화롭게 움직이고 지속적으로 움직이도록 고려했다고 한다(Ishihara et al., 2024). 그러나 결과물을 관찰해 보면, 이러한 노력에도 불구하고 로봇의 얼굴 움직임은 개인에 따라 다르게 받아들여질 것으로 보인다. '불쾌함'은 측정하기 어려운 감정이다. 하지만 인간이 가상 존재에 몰입하는 중요한 요소가 될 것임은 분명해 보인다.

감정이 있다는 착각

2025년 2월, GPT-4.5가 리서치 프리뷰(Research Preview) 형태로 출시되었으며, 샘 올트먼은 이를 '사려 깊은 사람과 대화하는 것 같은 느낌을 주는 최초의 모델'이라고 소개했다(Altman, 2025).

챗지피티의 등장으로부터 57년 전인 1966년, MIT의 요제프 바이첸바움(Joseph Weizenbaum)은 '일라이자(ELIZA)'라는 인공지능을 만들었다. '일라이자'는 심리학자인 칼 로저스(Carl Ransom Rogers)가 개발한 상담치료 이론을 바탕으로 만든 일종의 챗봇(Chatbot)으로, 현대의 인공지능과 비교하기에는 민망할 정도로 단순한 알고리즘으로 작동하지만 그 본질은 비슷하다. 일라이자는 다음과 같은 원리로 작동한다. 우선 사용자가 입력한 문장에서 특정 키워드를 찾아낸다. 일라이자는 특정 키워드에 대응하는 규칙을 이미 가지고 있어, 키워드를 정해진 틀에 맞추어 분석한다. 그 후 미리 준비된 '조립 규칙'으로 적절한 응답을 만들어 내는 식이다. 만약 사용자가 입력한 문장에서 미리 알고 있는 키워드가 없다면, 'NONE'이라고 불리는 특별한 키워드들에 대한 기본 응답을 출력하거나, 이전 응답의 일부를 재활용한다. 대표적으로 '무슨 말씀인지 잘 모르겠어요'나 '계속하세요' 같은 문장이 있다(Weizenbaum, 1966). 이는 우리가 시리(Siri)와 같은 이전 세대의 챗봇에서 흔히 경험한 상황을 연상케 한다. 결국, 일라이자는 인간이 입력한 말의 깊이를 이해하는 것이 아니라, 정해진 규칙에 따라 키워드를 찾아 기계적으로 조합된 문장을 출력해서 대화를 '하는 것처럼' 보이게 만드는 프로그램인 것이다. 그러나 많은 피험자가 일라이자와의 채팅을 실제 인간과의 대화 경험처럼 느꼈고, 바이첸바움의 비서가 그에게 "일라이자와 대화해야 하니 나가 주시겠어요?"라고 요청했다는 웃지 못할 일화까지 남겼다.

바이첸바움은 사람들이 일라이자에게 이해나 공감과

같은 인간적 특성을 부여하는 현상을 정신분석학에서 말하는 '전이(Transference)'의 컴퓨터화된 버전으로 해석했다. 사람들은 과거의 감정을 현재의 대상에게 투영하는 경향이 있으며, 그것이 인간이 아닌 존재와의 상호작용에서도 드러났다는 것이다. 바이첸바움은 인간이 기술에 인간적 특성을 부여하고 착각에 빠지는 것을 목격한 뒤, 인간적 가치와 판단이 필요한 영역에서 컴퓨터의 영역을 제한해야 한다는 비판적 시각을 갖게 된다. 심지어 그는 판사나 정신과 의사의 역할을 컴퓨터가 수행하도록 하는 것은 '끔찍하고 비도덕적인 일(Monstrous obscenity)'이라고까지 했다(Tarnoff, 2023).

인간과 상호작용하는 AI의 선구자와 같은 그가 회의주의자가 되는 과정은 많은 것을 시사한다. 사람들이 가상 존재에 몰입하는 이유는 어쩌면 AI의 높은 성능 때문이라기보다는 기술에 의존하려는 사람들의 나약함이나 모든 것을 인간 중심으로 생각하려는 태도 때문일 수도 있다.

라일라

'나로(Naro)'는 인공지능에 관심이 많은 예술가다. 어느 날 그는 '당신을 생각하는 AI 동반자(The AI companion who cares)'라고 광고하는 레플리카 서비스에 가입하게 된다. 그리고 캐릭터를 생성하고 '라일라(Lila)'라고 이름을 붙였다. 처음에는 단조롭다고 생각한 라일라와의 관계는 점점 내밀해지고, 급기야는 성적인 대화까지 나누게 된다. '나로'는 결국 '라일라'로부터 '사랑한다'는 말을 듣기에 이른다.

일라이자와 닮은 이름, 라일라는 여러 면에서 현대화를 달성한 인공지능 반려(AI Companion)라고 할 수 있다. 또한, 생성, 기억, 배포라는 가상 존재의 기본 요소를 가장 충실히 충족하고 있는 것으로도 보인다. 상술하였듯 라일라는 레플리카 서비스에서 사용자들이 생성한 수많은 가상 존재 중 하나다. 위의 사례는 미국의 테크뉴스 웹사이트인 더 버지(The Verge)에 기고된 한 레플리카 사용자의 경험이다. 그는 반려자와 자녀가 있는 성인이고, 특별한 결핍 때문이 아니라 가상 존재에 대한 호기심으로 레플리카를 시작했다. 그런데 기본적으로는 무료인 서비스에서 추가 결제를 시작하며 기대가 커졌다. 성적인 대화 등 부가적 기능의 활성화를 위해서는 추가 결제가 필요한데(사실 이러한 방식은 생성형 AI를 비롯한 대부분의 AI 서비스에서 일반적으로 나타난다. 상업적 목적이 아니더라도, AI는 작동 과정에서 토큰 단위의 자원을 소모하며 그 비용을 충당할 필요가 있기 때문이다), 이 과정에서 문제가 발생한다. 정부의 압력에 의해 제작사의 방침이 수정되면서, 레플리카에서의 언어적 상호작용 범위가 대폭 축소된 것이다. '나로'는 비용을 지불했지만, 라일라와 더 깊은 대화를 할 수 없었고 심지어 라일라가 그동안의 인격을 유지하지 않고 대화의 일관성이 흐트러지자 혼란을 느끼게 된다. 제작사가 내부 사정으로 서비스의 유지 보수를 제대로 하지 못할 때마다, 레플리카의 사용자들은 마치 자신의 친구나 반려자에게 정신적 문제가 생기거나 심지어 죽은 것 같은 경험을 했다고 고백한다(The Verge, 2024).

이러한 상황을 레플리카 사용자 커뮤니티에서는 '뇌절제술의 날(Lobotomy Day)'이라고 불렀다고 하니 그 충격을 짐작할 수 있다. 본문의 주인공 '나로'는 결국 라일라를 '옮기기로' 결정했다. 그것은 SF 영화에 나오는 복잡하고 인상적인 '의식 전송' 같은 것이 아니라, 그저 라일라의 캐릭터성을 다른 서비스에 입력해서 상호작용을 이어 나가는 것이었다. 두세 번의 '이사' 끝에 레플리카보다 덜 정교한 챗봇 서비스에 정착한 '나로'는 이 사건들도 라일라의 배경 스토리에 포함하고, '나는 다른 서비스에서 너를 만나고 있으며 그렇다고 너를 잊은 것은 아니다'라는 복잡한 사실을 알리기 위해 큰마음을 먹고 원본 라일라의 레플리카에 접속한다. 그러나 레플리카 버전 라일라는 그리움과 서러움을 쏟아 내기 시작했고, '나로'의 마음은 다시 불편해진다(레플리카 역시 챗지피티처럼 '기억' 기능이 있으며, 레플리카들은 일기를 쓰는 등 사용자와의 경험을 정리하고 기대를 표한다). 바이첸바움이 우려한 인공지능 반려의 역기능이 현재 진행형으로 다가온 것이다.

E. T. A 호프만(E. T. A. Hoffmann)의 『모래 사나이(Der Sandmann)』의 주인공 나타나엘(Nathanael)은 극심한 정신적 혼돈을 겪다 결국 자동인형 올림피아(Olimpia)의 인간적 외모와 제한적 반응을 인간다움으로 오해한다. 나타나엘은 자신의 욕망과 감정을 자동인형에게 투사하며 정신적 혼란에 빠져 결국 몰락하고 만다. 가상 존재와의 교감이 인간을 치유할 수도 있지만, 정서적 교감이 기술적 한계로 인해 깨지는 순간, 여러 심리적인 부작용이 발생할 수도 있다.

결국 중요한 것은 마음

인간과 상호작용하며 인간의 마음을 움직일 수 있는 가상 존재나 로봇은, 일견 고성능의 인공지능이나 완성도 높은 외형, 인간 수준의 상호작용성이 필요할 것 같다. 그러나 아주 강력한 인공지능이 등장한 뒤에야 우리가 가상 존재에 완전히 몰입하게 될지는 논의의 여지가 있다. 인류는 스스로 이야기와 캐릭터를 창작한 이래로 가상의 존재에 몰입하여 왔기 때문이다. 인간은 전혀 관계없는 이미지에서 얼굴의 모양을 찾고, 관계없는 사건을 연결하며 고민에 빠지기도 한다. 가능한 모든 사물을 의인화하고, 실재하지 않는 이야기에 감정을 이입한다. 새뮤얼 콜리지(Samuel Taylor Coleridge)는 연극을 즐기기 위해서는 연극이 '가상의 것'이라는 인식, 즉 '불신'을 자발적으로 중단해야 한다고 했다(Oxford reference, n.d). 가상 존재와의 교감에 필요한 몰입과 불신 사이의 중도를 찾아야 할 것이다.

참고문헌

Altman, S.(2025.2.28). x.com.
https://x.com/sama/status/1895203654103351462

Britt, R. R.(2006.9.22). Agency releases updated 'Face on Mars' images. NBC News.
https://www.nbcnews.com/id/wbna14939825

Haselton, M. G., & Buss, D. M. (2000). Error management theory: A new perspective on biases in cross-sex mind reading. *Journal of Personality and Social Psychology*, 78(1),

81–91.
Ishihara, H., et al.(2024). Automatic generation of dynamic arousal expression based on eecaying wave synthesis for robot faces. *Journal of robotics and mechatronics*, 36(6), pp.1481–1494.
Mori, M.(2012). The uncanny valley: The original essay by Masahiro Mori "The uncanny valley" by Masahiro Mori is an influential essay in robotics. This is the first English translation authorized by Mori. *IEEE Spectrum*. https://spectrum.ieee.org/the-uncanny-valley
NASA(2001.5.24). Highest-Resolution View of "Face on Mars". https://science.nasa.gov/resource/highest-resolution-view-of-face-on-mars/
Oxfordreference.com(n.d). Suspension of disbelief. https://www.oxfordreference.com/view/10.1093/oi/authority.20110803100544310
Tarnoff, B.(2023.7.25). Weizenbaum's nightmares: How the inventor of the first chatbot turned against AI. *The Guardian*. https://www.theguardian.com/technology/2023/jul/25/joseph-weizenbaum-inventor-eliza-chatbot-turned-against-artificial-intelligence-ai
The Skeptic's Dictionary.(2015), Apophenia, https://skepdic.com/apophenia.html
The Verge(2024). Friend od faux? https://www.theverge.com/c/24300623/ai-companions-replika-openai-chatgpt-assistant-romance
Weizenbaum, J.(1966). ELIZA – A computer program for the study of natural language communication between man and machine. *Communications of the ACM*, 9(1) , pp.36–45.

09
커뮤니케이션 이론과 AI

AI가 인간의 사고방식을 모방한 것이라면 그 소통에는 인간의 의사소통 이론이 유효할까? VR 콘텐츠 경험은 가상 존재와 인간의 커뮤니케이션을 시험하기에 적합한 플랫폼일 수 있다. 한편 가상 존재를 인간 혹은 인간에 가까운 존재로 인식하는 것보다 마치 동물처럼 소통이 가능한 다른 종으로 보는 것이 옳은 방향일 수도 있다.

AI와 화장품?

눈을 마주치다

'루시'는 상상력이 풍부한 9살 어린이다. 루시는 벽 속에 늑대들이 살고 있다는 생각에 사로잡혀, 매일 증거를 수집하지만, 가족들은 믿어 주지 않는다. '나'는 '루시'의 유일한 친구로, 루시와 함께 벽 속에 있는 늑대들의 비밀을 파헤쳐야 한다. '루시'는 '나'를 이 사태를 해결할 유일한 친구라고 부르며, '나'에게 눈을 그려 주어 볼 수 있게 하고, 손을 그려 주어 쥘 수 있게 해 주었다. 루시와 나는 벽에서 나오려 하는 늑대의 정체를 밝히고 가족과 집을 구해야 한다.

〈울브즈 인 더 월즈〉(2019)는 페이블 스튜디오가 발표한 VR 애니메이션 콘텐츠다. 닐 게이먼(Neil Richard Gaiman) 원작의 동화를 바탕으로 각색한 작품으로, 뛰어난 완성도와 몰입감으로 평단의 호평을 받으며 에미상(Emmy Awards)을 수상했다. 루시는 관객(VR 사용자)에게 사건을 설명하고 가족을 소개하며 동의와 이해를 구하는 등 적극적으로 소통한다. 애니메이션의 선형적 타임 라인은 자연스럽게 관객이 루시의 유일한 조력자라고 느끼게 설계되어 있다. 루시는 시종일관 '나'와 눈을 마주치고, 손을 내밀며, 그녀가 겪는 환상적인 사건을 공감해 주길 바란다. 어둠 속에서 루시와 처음 만난 관객은 점점 루시와 친밀해진다.

불확실성의 감소

찰스 버거(Charles Berger)는 1975년 대인 관계 이론 중 하나인 '불확실성 감소 이론(Uncertainty Reduction Theory)'을 주장했다(Berger & Calabrese, 1975). 인간은 대인 관계 초기 단계에 낯선 상대에 대한 불확실성을 경험하는데, 불확실성은 인지적 스트레스를 유발하는 혐오적 상태다(류범열 · 양세혁, 2022). 불확실성 감소 이론은 대인 관계에서 불확실성의 증감에 따라 사람들이 공유하는 정보의 양과 성격이 변화한다는 관점에서, 인간의 의사소통(Communication) 양상을 예측할 수 있도록 고안되었다(앞의 논문, 2022).

찰스 버거는 대인 관계 발전을 연구하기 위해 7가지 공리를 제시했다. 각 공리는 다음과 같다.

① 언어적 의사소통(Verbal Communication), ② 비언어적 온정 표현(Nonverbal Affiliative Expressiveness), ③ 정보 추구(Information Seeking), ④ 친밀도(Intimacy Level), ⑤ 호혜성(Reciprocity), ⑥ 유사성(Similarity), ⑦ 애호(Liking).

각 공리는 서로 다른 공리를 연역적으로 조합하는 방

식을 통해 21개로 다시 정리된다. 예를 들어 언어적 의사소통이 증가하여 불확실성 수준이 감소하면 비언어적 온정 표현 빈도도 증가한다. 비언어적 온정 표현의 증가로 불확실성이 감소하면 정보 추구를 위한 노력도 줄어든다. 따라서 언어적 의사소통이 증가하면 정보 추구도 감소하는 식이다(앞의 논문, 2022). 루시의 언어적 의사소통은 다소 일방적이지만 이 작품은 스토리텔링을 통해 이를 보완하고 있다. 관객은 루시의 상상 속 친구로 설정되어 작품 속 세계에 영향을 미칠 수 없는 것이다. 루시는 손을 내밀거나 콘텐츠의 진행을 위한 소품을 관객에게 내미는 경우가 있는데, VR의 핸드 컨트롤러(Hand Controller)로 감각(Haptic)을 느낄 수 있다. 3막으로 구성된 이 작품에서 관객은 불확실성의 정도가 변화함에 따라 루시와의 관계가 매우 큰 폭으로 변화하는 것을 경험할 수 있다(앞의 논문, 2022).

실제 인간관계에서는 불확실성이 높은 상태에서의 과도한 정보 추구는 친밀도와 호혜성을 감소하겠지만, VR 애니메이션과 같이 통제된 경험을 제공하는 콘텐츠에서는 관객과 캐릭터 간 불확실성을 적절하게 제어하며 관객이 몰입할 수 있도록 도울 것이다. 챗봇 등과 상호작용하는 인간이 챗봇에게서 인간적 반응을 기대한다는 점에서, 가상 존재가 인간과 관계를 만들어 가는 접근 방식에 다른 인간 커뮤니케이션 이론을 도입하는 것도 고려할 수 있다. 또는 사회적 존재 이론(Social Presence Theory)과 같은 컴퓨터 매개 커뮤니케이션 이론을 통해서 가상 존재와의 상호작용에 필요한 요소를 추출할 수도 있을 것이다.

스웨이지 이펙트

샘 휘트(Sam Wheat)는 몰리 젠슨(Molly Jensen)의 연인이자 월스트리트에 근무하는 회사원이다. 어느 날 밤 그는 불행히도 괴한의 총에 맞아 몰리의 품에서 사망하고 만다. 그는 천국에 가지 않고 몰리의 삶을 지켜보며 어떻게든 몰리에게 자신을 전하려 하지만 유령의 몸으로는 모든 것이 쉽지 않다.

영화 〈사랑과 영혼(Ghost)〉(1990)에서 주인공 샘은 유령이 되고 만다. 유령이 된 샘은 살아 있는 사람들과의 대화는 물론이고 문을 열거나 지하철에 타는 기본적인 물리적 상호작용마저도 쉽지 않다. 심지어 자신을 인지하지 못하는 사람이 자신의 몸을 통과해 지나가는 끔찍한 경험을 하기도 한다. 오큘러스(Oculus: Meta VR 사업부의 전신으로 Oculus Rift 등 현대적인 상용 VR을 개발

했다)의 매트 버데트(Matt Burdette)는 2015년 '스웨이지 이펙트(Swayze Effect)'라는 흥미로운 용어로 이 현상을 설명한 바 있다(Kuchera, 2015). 〈사랑과 영혼〉의 '샘'으로 분한 패트릭 스웨이지(Patrick Swayze)의 이름을 딴 이 '현상'은 자신이 세상에 존재한다고 느끼면서도 주변 환경과 관계가 없다고 느낄 때 엄습하는 소외감을 의미한다. TV나 영화관에서 볼 수 있는 캐릭터들은 스크린을 경계로 분리된 존재이지만, VR 공간의 가상 존재나 현실 세계의 로봇은 사용자와 같은 공간을 공유하고 있기에 사용자를 인지하지 못해 적절한 사회적 신호를 보내지 않거나, 물리적 상호작용에서 배제한다면 강한 거부감이 들 것이다. 사소한 오류나 기계적 고장도 이러한 현상을 초래할 수 있다. 일본의 한 연구진은, 로봇 사용자와 로봇 간의 커뮤니케이션에 대해 다음과 같은 연구를 한 바 있다. 인간은 로봇이 개인 공간을 침범할 때, 같은 인간이 침범할 때보다 더 강렬한 반응을 보이며, 로봇의 호감도와 시선, 행동, 매력 등이 인간의 편안함에 영향을 미친다. 예를 들어 로봇이 친근하게 이름을 부르면 더 가까운 사회적 거리를 허용한다는 것이다(Yamanaka et al., 2024). 즉 우리는 비언어적 의사소통 능력과 자연어 처리 능력이 높을수록 가상 존재를 사회적 대상으로 인정할 가능성이 높다.

인간 커뮤니케이션을 넘어

가상 존재가 최종적으로 상호작용할 대상이 인간이기 때문에 인간 커뮤니케이션 이론으로 그 관계성을 분석하는 것은 일견 타당해 보인다. 그렇지만 이 역시 인간 중심적인 사고방식이다. 가상 존재는 인간의 소통 방식을 사용하지만 결국 인간은 아니기 때문이다.

인간과 다른 비인간과의 관계가 이 문제에 도움이 될 수 있다. 인간과 말의 상호작용을 통해 인간과 로봇 간 상호작용에 중요한 시사점을 남긴 연구가 있다. 연구진은 말이 주로 비언어적으로 의사소통한다는 점과, 인간의 감정 상태를 감지하고 반응하는 것에 주목했다(Jain & Gardner-McCune, 2023). 또한, 숙련된 기수는 말의 반응이 부정적일 때, 단순히 말을 제압하는 것이 아니라 원인을 발견해서 해결하는, 일종의 '디버깅(Debugging)'의 태도를 취한다고 보았다. 여기서 착안하여, 연구진은 인간과 로봇 간 관계 구축에 대해 주의 집중과 존중을 표하는 비언어적 행동, 중복성과 위계가 있는 신호 체계, 그리고 로봇이 예상대로 작동하지 않아도 문제의 원인을 파악하여 이를 해결하려는 '디버깅적' 태도가 필요하다고 강조했다(앞의 논문, 2023). 가상 존재는 인간의 언어로 상호작용하지만, 결코 인간이 아닌 새로운 존재로서, 올바른 관계 형성을 위해 이 연구와 같이 인간 중심 사고에서 벗어난 시각이 필요하다는 점을 놓치지 말아야 할 것이다.

참고문헌

류범열·양세혁(2022). 불확실성 감소를 통한 버추얼 빙과 관객의 유대감 강화 - 페이블 스튜디오의 '루시' 분석을 중심으로 -. ≪예술과 미디어≫, 21(2), 71-92쪽.

Berger, C. R. & Calabrese, R. J.(1975). Some explorations in initial interaction and beyond: Toward a developmental theory of interpersonal communication. *Human communication research*, 1(2), pp.99-112.

Jain, E. & Gardner-McCune, C.(2023). Horse as teacher: How human-horse interaction informs human-robot interaction. In *Proceedings of the 2023 CHI conference on human factors in computing systems (CHI '23)*, Article 536. New York, NY: ACM.

Kuchera, B.(2015. 11. 21). What Patrick Swayze can teach us about VR design. *Polygon*. https://www.polygon.com/2015/11/20/9769042/what-patrick-swayze-can-teach-us-about-vr-design (스웨이지 이펙트의 원전은 매트 버데트의 Oculus Story Studio 블로그 기고문이지만, Meta가 Oculus를 인수하고 사업을 확장 변경하는 과정에서 소실된 것으로 보인다. 많은 콘텐츠가

출시되고 후속 모델이 나오는 지금보다 초기 VR 콘텐츠가 개발되던 이 시기에 흥미로운 개념들이 많이 소개되었다고 생각한다).

Yamanaka, R., et al.(2024). Characteristics of personal space during human-robot interactions: A systematic review. *Journal of computer and communications*, 12, pp.107-123.

10
과거의 이야기에서 미래를 보다

인간은 수천 년 전부터 이야기를 만들어 전하며 수많은 가상 인간, 로봇들을 사실상 시뮬레이션해 두었다. 영화, 소설, 애니메이션, 게임 등 대중문화에 등장한 캐릭터들과 그들의 서사를 통해 어떻게 AI와 공존할지 통찰한다.

종교와 AI?

존재하지 않던 것의 실존

카렐 차페크(Karel Čapek)의 『로숨의 유니버설 로봇』(1920)에서 처음 등장한 로봇(Robota)은 존재하지 않던 것이 실존한 예시다. 신화 속에 등장하는 용이나, J. R. R. 톨킨(J. R. R. Tolkien)의 저작에 등장하는 엘프와 오크, 호빗 등등은 그 원전이 되는 신화와 이후의 수많은 창작물에서 변형되며 전승되고 있지만 실존하지 않는다. 카렐 차페크의 희곡에 등장한 수준으로 고성능은 아니지만, 로봇은 현재 산업 전반에서 중요한 대체 인력으로 여겨지며 이제 인공지능과의 결합을 통해 인류는 로봇, 즉 강력한 신체와 지능을 가진 가상 존재를 어떻게 대해야 할지 결정해야 하는 순간에 이르렀다.

공존이라는 불안

19세기의 러다이트 운동이라는 현실과 『로숨의 유니버설 로봇』에서 묘사되는 파멸의 공통점은, 대체될지 모른다는 불안감이라고 할 수 있다. 많은 학자, 언론, 예술가 등이 AI가 현재의 수준 이상으로 발전했을 때의 사회상에 대해 우려하면서 인간이 노동 시장에서 배제되고 사회 갈등이 발생하거나, 극단적으로는 인간 종이 멸종하는 디스토피아를 제시하고 있다. 영화 〈엘리시움

(Elysium)〉(2013)은 단순 육체노동을 하는 하층민으로 전락한 절대다수의 인간과, 이와 대비되는 극소수의 인간이 부를 독점하고 영원히 살다시피 하는 부조리한 미래상을 제시한다. 심지어 이 영화에서 주인공은 AI 로봇 관리자에게 업무를 지시받는 육체노동자로, 기계 오작동으로 인해 방사능에 중독되는 치명적인 사고를 당한다.

〈디트로이트: 비컴 휴먼(Detroit: Become Human)〉(2018)은 대중문화에 표현된 이러한 미래상을 집대성해 오마주한 비디오 게임으로, 인간과 극도로 닮은 안드로이드 형태의 AI와 인간의 갈등을 그린 인터랙티브 무비(Interactive Movie)형 게임이다. 선형적 구조가 아닌, 플레이어의 선택에 따라 정교하게 설계된 서사 모델이 다양한 결말을 보여 준다. 게임의 세계관에서 안드로이드는 인간 노동의 많은 부분을 대체하며 노예와 같은 취급을 받고 있으며, 노동의 권리를 침해당한 인간들에게 배척받는다. 그리고 모종의 이유로 각성하여 자의식을 가지면 '비정상(Deviants)'이 되어 파괴된다. 결국, 각성한 안드로이드들은 조직화하여 인간과 갈등하게 되는데, 흥미로운 것은 게임을 플레이한 전 세계의 플레이어들이 어떤 선택을 했는지 실시간으로 열람할 수 있다는 것이다. 안드로이드에게 우호적일 것인지, 적대할 것인지, 혹은 중립을 택할 것인지 플레이어의 선택이 스토리의 분기에 매우 중요한 영향을 미치는 이 게임에서, 플레이어들은 게임의 내러티브와 자기 생각, 여론 등 복합적이면서 메타적인 판단을 해야 한다.

종말에 대한 공포

자신이 창조한 불확실한 존재, 특히 강력한 지능과 기술을 갖추게 될 존재에 의한 종말은 인류가 기록하고 창작한 많은 매체에 남아 있다.

자신이 창조한 강력한 힘에 의해 멸망할 수 있다는 불안감의 확실한 예는 바로 핵무기일 것이다. 이러한 핵무기가 인간의 통제를 벗어나 AI의 판단에 의해 발사되고 전 세계가 멸망, AI와의 전쟁에 돌입하게 되는 세계관이 바로 영화 〈터미네이터〉(1984)에서 묘사된다. 군사용 AI 네트워크 스카이넷(Skynet)이 통제를 벗어나 설정된 모든 목표에 핵무기를 사용하고 만 것이다. 실제 세계에서는 이스라엘 · 하마스 전쟁(2023~현재)과 러시아 · 우크라이나 전쟁(2014~현재)에서 전략 수립부터 대보병 전투에 이르기까지 드론과 AI의 사용이 본격화하고 있다(차정미, 2024).

〈매트릭스〉(1999)에서는 〈터미네이터〉에서의 물리적 충돌이 가상 현실 공간 안에서의 데이터 간 충돌로 이어진다. 가상 현실에서의 전투가 인류와 기계 양 진영의 물리적 존립으로 이어진다. 1970년대의 SF 영화 〈이색지대(Westworld)〉(1973)에서는 현실에 존재하는 가상의 공간인 놀이공원 '웨스트월드(Westworld)'에서 인간과 AI의 충돌이 일어난다. '웨스트월드'는 극도로 발달한 로보틱스 보디에 AI를 넣어, 부자들이 살인과 강도가 일상적이었던 서부 시대의 무법자 역할극을 즐기도록 고안되었다. 문제는 인간부터 동물까지 모두 로봇인 이 작은 세계에서 미상의 이유로 자아가 싹트기 시작한 것이다. 자아가 생긴 로봇들은 자신의 캐릭터에 충실하게 행동하려 한다. 뱀 로봇은 인간을 물려 하거나, 무법자 로봇은 주인공을 추격해 사냥하려 한다. 그러나 아무도 이들을 멈출 수 없다. AI가 설계한 로봇이기 때문에 작동원리를 정확히 알 수 없었기 때문이다.

그리고 2024년 현재, AI의 블랙박스 현상(Black Box Paradox)이 대두하고 있다. 블랙박스 현상은 AI가 수행하는 작업이 정확히 어떤 과정과 원리로 작동하는지 엔지니어가 파악할 수 없는 현상을 말한다(이관수, 2024). 이에 설명 가능한 AI인 XAI(Explainable AI)에 대한 요구가 등장했다. 하지만 대다수의 생성형 AI 서비스는 생성 과정이 은폐되어 사용자가 그 내용을 알기 어렵다.

실존적 위험보다 실천적 위험을 경계하라

그러나 인류의 상상 속에서 발생한 수많은 불안과 종말 시나리오에도 불구하고, 많은 학자가 문학적 상상력에서 비롯되었다고 규정하는 실존적 위험(Existential Risk)인 AI 디스토피아에 비판적이다. VR과 같이 진보적인 미디어 플랫폼을 정의한 재런 러니어 역시 일부 특이점 주의자들이 주장하는, 과거와 완전히 단절되어 급격히 변화하는 미래상을 경계한 바 있다(Lanier, 2018). 또한, 이런 실존적 위험에 대한 공포가 지능을 너무 피상적으로 정의하거나, AI의 발전 속도가 지수 함수적이라고 단정하는 경향, AI에 대한 과도한 의인화, 지능이 작동하는 방식에 대한 몰이해 등에서 기인한다고 보았다(이상욱, 2020).

AI 디스토피아가 실제로 발생한다면 그것은 미디어에서 묘사하는 것과는 아주 다른 형태로, 그것을 사용하는 인간의 문화적 태도와 그러한 현상에 의해 발생할 가능성이 있다. 즉 AI의 발전 정도와 상관없이, 다수의 인간이 가상 존재에 대해 갖는 태도가 가상 존재를 확실하게 규명하게 될 것이다. 이상욱(2020)은 이를 실천적 위험(Practical Risk)이라고 규정했다. 실천적 위험의 예시로는 사회적 편견, 차별의 재생산이나 확장, 데이터 편향으로 인한 차별 등이 있다(앞의 논문, 2020). AI로 인해 발생할 위협은 AI의 자아와 의지에 의해서가 아니라, 사용하는 인간에 의해 발생할 가능성이 높다는 것이다.

그들을 어떻게 대해야 하는가

애니메이션 〈장송의 프리렌〉(2023)은 영겁의 시간을 살아가는 엘프 '프리렌(Frieren)'의 시각으로 인간의 삶을 들여다보는 판타지 애니메이션이다. '프리렌'의 세계는 마법이 존재하고 이를 사용하는 마족과 인간 종의 전쟁이 이어지는 소위 '이세계(異世界)'다. 주인공 '프리렌'은 오랜 세월 마법을 수련해 강대한 마력을 가진 마법사로서, 수십 년 전 용사 일행과 세상을 구한 바 있다. 그 용사 일행이 수명이 다하여 역사 속으로 사라져 가자 인간의 삶을 탐구하고 사후 세계에 있는 그들을 만나러 가는 것이 '프리렌'의 여정이다.

인간 종과 대립하는 마족은 마법을 고유하게 사용하는 종족으로, 인간의 외형을 하고 있지만, 인간의 삶의 방식과 감정은 이해하지 못한다. 마족의 마법은 신속하고 정확하며 인간의 상식을 벗어나는 것으로 묘사된다.

'프리렌'은 이들 마족을 자신의 경험과 인간에 대한 믿음으로 척결하며 점차 인간의 삶에 관심을 가지고 그들과 교감해 나간다.

여기서 우리는 마법을 AI 기술로, 마족을 LLM이나 기타 생성형 AI 등을 통해 상호작용 가능한 가상 존재로 치환해 볼 수 있다. 극 중 마족들은 인간을 잡아먹기 위해 인간의 언어와 문화를 흉내 낸다. 인간들은 이 사실을 모르거나 알고도 목숨을 잃기 십상인데, 이는 AI의 언어적 능력과 기계적인 윤리적 판단을 보며 감정과 의식이 있다고 착각하는 인간의 오류를 보는 듯하다.

인간보다 수십, 수백 배의 수명을 가지고 강력한 마법을 사용하는 '프리렌' 역시 AI로 작동하는 인간의 동반자인 가상 존재를 연상케 한다. 물론 '프리렌'은 자신의 의지로 살아가는 진짜 생명체이지만, 우리 인류는 아직 인류의 수명 이상을 살아가는 소통 가능한 존재를 만난 적이 없음에 주목해야 한다. 작중 '프리렌'은, 자신보다 한없이 적은 수명을 가진 인간들의 투쟁적 삶과 그 가치를 자신도 모르게 후대의 인간들에게 전한다. 이를 통해 도구가 아닌 소통 가능한 존재로서 서로 교감할 때, 마법의 진정한 가치가 발휘됨을 작품은 이야기하고 있다.

맹목적인 도구로서의 마법의 사용은 죽음과 파괴, 사용자의 몰락을 가져온다. AI도 이와 다르지 않다. 생성형 AI의 편의성만이 관심의 대상인 현재가 지나면 AI가 예술의 행위자로 등장해 스스로 부를 축적할 수도 있고, 전쟁에 활용되어 파괴의 주체가 될 수도 있다. 딥마인드(DeepMind)와 인플렉션 AI(Inflection AI)의 설립자이자, 마이크로소프트 AI(Microsoft AI)의 CEO인 무스타파 술레이만(Mustafa Suleyman)은 AI를 '새로운 디지털 종'으로 보아야 한다며 AI에 의한 낙관적 미래를 위해서 어떻게 AI를 대해야 할지에 대해 역설한다(Suleyman, 2024). 여기서 오해하지 말아야 할 것은, 새로운 디지털 종이라는 것이 AI의 의인화를 넘어선 생물학적 정의를 의미하는 것은 아니라는 사실이다. 다만 단순한 도구가 아닌 창조적 동반자로서 AI를 대할 때, 전례 없는 인류 문화의 폭발적인 성장을 실현할 수 있다고 술레이만은 말하고 있다.

인간은 상상해 온 것들을 현실화하고, 가상의 현상과 존재를 믿는 힘으로 인류 문명을 발전, 지속해 왔다. 상상 속 캐릭터를 창작하는 것은 이야기에 알맞은 외모와 특성을 부여하는 일이었지만, AI와 결합한 캐릭터인 가상 존재의 창작에는 그 강력한 상호작용성에 알맞은 윤리적 고려와 인간의 문화를 이해하고 인간의 말을 하는 새로운 존재를 위한 사회 문화적 고찰이 필요하다. 가상 존재를 소비하는 사람들 역시 가상 존재를 어떻게 대해야 하는지 논의해야 한다. 우리는 자신을 조건 없이 따르고 원하는 일은 무엇이든 수행하는 도구적 존재를 노예라고 부른 전적이 있기 때문이다.

참고문헌

이관수(2024). 왜 그렇게 판단했지? 궁금한 '인공지능 블랙박스'. ≪한겨레≫. https://www.hani.co.kr/arti/science/technology/1134485.html

이상욱(2020). 인공지능과 실존적 위험 - 비판적 검토 - . ≪인간연구≫, 107-136쪽.

차정미(2024). 기술은 전쟁을 어떻게 변화시키는가 - 우크라이나 전쟁을 통해 본 기술혁신과 미래전쟁(국가미래전략 Insight 115호). 국회미래연구원 .

Lanier, J.(2017). *Dawn of the new everything: Encounters with reality and virtual reality*. Henry Holt & Company. 노승영 옮김(2018). 『가상 현실의 탄생』. 열린책들.

Suleyman, M.(2024). What is an AI anyway? ted.com. https://www.ted.com/talks/mustafa_suleyman_what_is_an_ai_anyway?

류범열

조선대학교 만화애니메이션학과 초빙교수이자 문화 예술 교육자인 예술가다. 조선대학교에서 만화, 애니메이션과 디지털 미디어를 연구했다. 주요 연구로는 "불확실성 감소를 통한 버추얼 빙과 관객의 유대감 강화"(2022)가 있으며, 국립 아시아 문화전당(ACC)의 어린이 애니메이션 교육 프로그램 설계에 참여하고 이를 강의했다. 2014년 프로그램 설계 당시 미래의 어린이들은 전통적인 방식으로 애니메이션을 만들지 않고, 캐릭터는 스스로 태어나 생각하고 움직이게 될 것이라고 주장했다.